Duden

Startklar fürs G8 Deutsch

Üben für den Übergang

4. → 5. Klasse

Dudenverlag
Mannheim · Leipzig · Wien · Zürich

**Bibliografische Information
der Deutschen Nationalbibliothek**
Die Deutsche Nationalbibliothek verzeichnet diese
Publikation in der Deutschen Nationalbibliografie;
detaillierte bibliografische Daten sind im Internet
über http://dnb.ddb.de abrufbar.

Das Wort **Duden** ist für den Verlag
Bibliographisches Institut & F. A. Brockhaus AG
als Marke geschützt.

Alle Rechte vorbehalten.
Nachdruck, auch auszugsweise, vorbehaltlich der
Rechte, die sich aus den Schranken des UrhG
ergeben, nicht gestattet.

Nach den seit 1.8.2006 gültigen Rechtschreibregeln.

© Bibliographisches Institut & F. A. Brockhaus AG,
Mannheim 2009   D C B A

Redaktionelle Leitung: Annika Renker
Redaktion: Astrid Dany
Text: Ulrike Holzwarth-Raether, Annette Raether

Herstellung: Tobias Kaase, Andreas Preising
Layout: Horst Bachmann
Illustration: Sandra Reckers
Umschlaggestaltung: Sven Rauska
Umschlagabbildung: Getty Images
Satz: Katrin Kleinschrot, Stuttgart
Druck und Bindung: Firmengruppe APPL, Wemding
Printed in Germany

ISBN 978-3-411-73541-9

Inhaltsverzeichnis

Vorwort **4**
Übungsplan **7**
Arbeits- und Lerntipps **8**

Grammatik
Das Nomen **10**
Das Verb **16**
Das Adjektiv **22**
Der Satz **26**
Das erwartet dich im G8 .... **32**

Rechtschreiben
Groß- und Kleinschreibung **36**
Kurze und lange Vokale **42**
Gleich klingende Konsonanten **48**
Zeichensetzung **54**
Das erwartet dich im G8 .... **60**

Texte schreiben
Wortschatztraining **64**
Die Erzählung **70**
Beschreibung, Anleitung und Bericht **78**
Das erwartet dich im G8 .... **86**

Lesen
Lesetraining **90**
Texte verstehen **96**
Zeichen und Grafiken lesen **102**
Das erwartet dich im G8 .... **106**

Fachbegriffe **110**

Lösungen im Elternratgeber ab S. 28

Vorwort

Auf in eine neue Schule

Zur Vorbereitung auf den Übergang ins Gymnasium kannst du dir mit diesem Buch einen Überblick über das Grundwissen des Deutschunterrichts der Grundschule verschaffen. Du sollst herausfinden, was du schon sicher kannst und was du noch wiederholen und üben musst, bevor du in die neue Schule gehst. Außerdem kannst du schon einmal reinschnuppern, was dich auf dem Gymnasium erwartet.

So ist das Buch aufgebaut

Auf den Seiten 8 und 9 erhältst du wichtige Arbeits- und Lerntipps. Lies sie sorgfältig durch. Wenn du sie beachtest, erleichtern sie dir das Lernen und Üben.

Es folgen vier große Kapitel mit den Überschriften Grammatik, Rechtschreiben, Texte schreiben und Lesen. Die großen Kapitel sind in vier bis fünf kleine Kapitel unterteilt.

Jedes kleine Kapitel beginnt mit einer Einstiegsseite mit dem nötigen Grundwissen. Hier steht, was du zu dem jeweiligen Thema in den vier Grundschuljahren gelernt hast und was du dir merken musst. Auf der gegenüberliegenden Seite steht ein Test, mit dem du dein Wissen zu diesem Thema überprüfen kannst. Erst danach beginnen die Übungen, mit denen du das trainieren kannst, was du noch nicht sicher beherrschst. Denn die Übungen sind abgestimmt auf die Testfragen. Hake die Übungen ab, die du bearbeitet hast.

Das jeweils letzte kleine Kapitel gibt dir einen Ausblick auf den Stoff des achtjährigen Gymnasiums (G8). Dieser schließt meist direkt an den Grundschulstoff an und bereitet dich gut auf den Übergang in die neue Schule vor.

Vorwort

Besondere Seiten in diesem Buch
Übungsplan (Seite 7): Hier trägst du ein, welche Aufgaben du bereits bearbeitet und kontrolliert hast. So hast du immer einen Überblick darüber, was du schon geschafft hast.

Die Lösungen zu den vielen Übungen findest du im extra beiliegenden Elternratgeber, im hinteren Teil des Heftes (S. 28 – 47). Hier kannst du deine Testergebnisse und die Ergebnisse der anderen Übungen selbstständig überprüfen.

Fachbegriffe (S. 110 – 111): Hier kannst du Begriffe nachschlagen, wenn du zum Beispiel deren Bedeutung nicht mehr genau weißt.

So arbeitest du mit diesem Buch
1. Suche dir eines der kleinen Kapitel aus, in dem du üben willst. Informiere dich auf der Einstiegsseite über das Grundwissen.
   Beachte auch die Wissenskästen – wichtig!
2. Bearbeite den Test mit einem Bleistift, damit du ihn bei Bedarf wiederholen kannst. Kontrolliere deine Lösungen und trage deine erreichte Punktzahl in die Kästchen ein.
3. Bearbeite die Übungen konzentriert und gewissenhaft. Wenn du mit etwas nicht zurechtkommst, lies noch einmal auf der Einstiegsseite nach. Dort findest du auch Beispiele.
4. Wenn du mit einer Übung fertig bist, kontrolliere dein Ergebnis mit den Lösungen. Wenn sie richtig ist, hake die Übung in deinem Übungsplan auf Seite 7 ab.

Vorwort

Das bedeuten die erreichten Punkte im Test

0 – 2 Punkte
Wiederhole den
Stoff gründlich.

Du musst die Einstiegsseite mit dem Grundwissen am besten noch mehrmals ganz genau mit den Beispielen durchlesen, bevor du weitermachst.

3 – 6 Punkte
Lies noch einmal
die Wissensseite.

Du bist noch unsicher. Lies dir die Einstiegsseite noch einmal durch. Suche darin nach Hilfen für die falsch gelösten Aufgaben.

7 – 9 Punkte
Gut! Starte nun
die Übungen.

Du hast die Aufgaben schon ganz gut gelöst. Wenn du nun die dazugehörigen Übungen machst, wirst du dich noch verbessern.

10 – 12 Punkte
Super! Du bist
schon fit fürs G8!

Du bist schon fit fürs G8. Du kannst versuchen, die Aufgaben noch schneller zu bearbeiten. Lege dir dazu eine Uhr bereit.

So kannst du den Erfolg deiner Arbeit messen

Wenn du ein kleines oder ein großes Kapitel oder auch das ganze Buch durchgearbeitet hast, solltest du dir noch einmal die Tests hinter den Wissensseiten vornehmen. Diese hast du im Idealfall schon einmal zu Beginn mit Bleistift bearbeitet und eine bestimmte Punktzahl erreicht. Radiere nun die Bleistifteinträge aus und mache den Text ein weiteres Mal. Wetten, dass du noch besser geworden bist! Natürlich nur, wenn du konzentriert, mit ein bisschen Sportgeist und Spaß arbeitest und übst.

Übungsplan

Übungsplan

Trage ein, welche Übungen du bereits bearbeitet (•) und kontrolliert (✓) hast.

Kapitel		Nummer der Übung	1	2	3	4	5	6	7	8	9	10
Grammatik	Das Nomen											
	Das Verb											
	Das Adjektiv											
	Der Satz											
	Das erwartet dich im G8											
Rechtschreiben	Groß- und Kleinschreibung											
	Kurze und lange Vokale											
	Gleich klingende Konsonanten											
	Zeichensetzung											
	Das erwartet dich im G8											
Texte schreiben	Wortschatztraining											
	Die Erzählung											
	Beschreibung, Anleitung, Bericht											
	Das erwartet dich im G8											
Lesen	Lesetraining											
	Texte verstehen											
	Zeichen und Grafiken lesen											
	Das erwartet dich im G8											

Arbeitstipps

1. Arbeite zügig, aber gründlich.
2. Finde deine beste Übungszeit heraus.
3. Übe regelmäßig.
4. Achte auf gutes Licht und frische Luft.
5. Stell dir etwas zu trinken bereit.
6. Sorge für einen aufgeräumten Schreibtisch.
7. Lege deine Arbeitsmaterialien bereit.
8. Probiere aus, ob du mit Musik besser arbeiten kannst.
9. Setze dir ein Übungsziel und gehe gut gelaunt ans Üben.
10. Freue dich über deinen Erfolg.
11. Zeige anderen, was du geleistet hast.

Lerntipps

Grammatik
- Fachausdrücke klären und auswendig lernen
- Lernposter herstellen und an die Schranktür hängen
- eine Grammatikkartei anlegen

Grammatik

Rechtschreiben
- Wörter deutlich sprechen, genau abhören und in Silben gliedern
- über Wörter nachdenken und Regeln anwenden
- sich Wörter einprägen durch Übungen mit dem Karteikasten oder durch Eintragen in ein Merk- und Fehlerheft

Rechtschreiben

Texte schreiben
- Briefe und Postkarten schreiben
- E-Mails schreiben
- Tagebuch führen
- Ideen für Geschichten sammeln
- ein Witzeheft anlegen
- Nachrichten auf Zettel schreiben
- SMS verschicken
- an Schreibwettbewerben teilnehmen

Texte schreiben

Lesen
- feste Lese- oder Vorlesezeiten einrichten
- alles Mögliche lesen: Fahrpläne, Karten, Beschriftungen, Schaubilder, Zeichen
- einen Leseausweis besorgen und Bücher ausleihen
- an Lesewettbewerben teilnehmen

Lesen

Grammatik

Das Nomen

Nomen bezeichnen
Lebewesen (das Kind, der Hund, die Blume),
Gegenstände (das Haus, der Pullover),
Gefühle, Gedanken, Vorstellungen (die Liebe, der Traum, die Hilfe).

Nomen können einen bestimmten oder unbestimmten
Artikel haben: **der** Sportler – **ein** Sportler, **die** Treppe – **eine** Treppe,
das Kino – **ein** Kino

Sie können in der Einzahl oder Mehrzahl stehen:
der Tisch – die Tische

Nomen kommen in vier Fällen vor. Dabei ändern sie ihre Form:
1. Fall: **Der Hund** bellt.
2. Fall: Der Futternapf **des Hundes** ist leer.
3. Fall: Ich gebe **dem Hund** einen Stock.
4. Fall: Ich mag **den Hund**.

Nomen können mit Wörtern anderer Wortarten zu neuen Nomen
zusammengesetzt werden:
die Tomatensuppe, die Stehlampe, die Blaumeise

Nomen werden großgeschrieben.

Sie können durch Pronomen ersetzt werden:
Das Auto steht in der Garage. **Es** ist nagelneu.
Der Vogel sitzt im Baum. **Er** pfeift laut.
Die Katze hört nichts, denn **sie** schläft.
Der Hund aber hört **es**.
Er will **ihn** fangen.

WICHTIG

Beim Nachschlagen im Wörterbuch musst du die
Nomen in der Einzahl suchen.

Fit fürs G8?

Überprüfe dein Wissen

P

1. Unterstreiche das Nomen.

HEUTE   ÜBER   DANN   ATMEN   FREUDE   DORT

1 ☐

2. Setze den richtigen Artikel ein: die/eine

Am Himmel strahlt .... Sonne.

1 ☐

3. Für welches Wort gibt es keine Mehrzahlform? Kreise es ein.

der Hund   das Geräusch   das Heft   der Durst   die Kugel

1 ☐

4. Für welches Wort gibt es keine Einzahlform? Kreise es ein.

die Schulen   die Eltern   die Telefone   die Hoffnungen

1 ☐

5. Setze das Nomen „Ball" und den Artikel in der richtigen Form ein.

Die Farbe .... ist weiß.   Ich werfe ....

.... ist rund.   Ich spiele mit ....

4 ☐

6. Aus welchen Wortarten sind die Nomen zusammengesetzt?
Verbinde.

Nomen + Nomen   die Gießkanne

Adjektiv + Nomen   die Suppenschüssel

Verb + Nomen   das Schnellboot

3 ☐

7. Setze im zweiten Satz das richtige Pronomen ein.

Das Mädchen spielt ein Instrument. .... spielt Gitarre.

1 ☐

0 – 2 Punkte	**3 – 6 Punkte**	**7 – 9 Punkte**	**10 – 12 Punkte**	Punktzahl
Wiederhole den Stoff gründlich.	Lies noch einmal die Wissensseite.	Gut! Starte nun die Übungen.	Super! Du bist schon fit fürs G8!	☐

Das Nomen

Übungen

1. In diesem Text sind alle Wörter großgeschrieben.
Suche die Nomen heraus und markiere sie.

ICH TEILE DAS ZIMMER MIT MEINER SCHWESTER LAURA. EINE SEITE GEHÖRT MIR, DIE ANDERE IHR, DIE MITTE UNS BEIDEN. WENN LAURA MUSIK HÖREN WILL UND ICH MIT MEINEM FREUND AM COMPUTER SPIELE, KRIEGT SIE EINE WUT UND WILL UNS HINAUSWERFEN. ICH GLAUBE, SIE BRAUCHT DRINGEND EINEN KOPFHÖRER.

2. Suche Nomen, die zu dem Oberbegriff „Sportarten" passen, und trage sie ein. Schlage die Sportarten im Wörterbuch nach, wenn du nicht weißt, wie man sie schreibt.

12

Grammatik

3. Entscheide dich für den bestimmten oder unbestimmten Artikel. Schreibe ihn in die Lücken.

An der Ecke hat .... neuer Laden aufgemacht. Ich ging gleich mit meiner Freundin Lara in .... neuen Laden.

Dort kauften wir .... CD.

Zu Hause hörten wir alle Lieder .... CD an.

.... Text .... Liedes konnten wir nicht verstehen. .... Melodie konnten wir aber laut mitsingen.

4. Verbinde die Wörter zu zusammengesetzten Nomen und schreibe sie auf.

laufen — Platte ....

schwarz — Fest ....

Waffel — Platz ....

sitzen — Wald ....

fest — Eisen ....

Klasse — Schuhe ....

13

Das Nomen

5. Für manche Nomen gibt es keine Mehrzahl. Kreise sie ein.

der Hunger   die Tasse   die Wolke   der Saft   die Wut   die Vase   der Park   der Hass   der Witz   die Freundschaft   der Ton   der Durst

6. Diese Nomen haben eine ungewöhnliche Mehrzahlform. Wie heißen die Nomen in der Einzahl? Trage sie ein.

Mehrzahl	Einzahl
die Globusse, die Globen	....
die Kakteen	....
die Materialien	....
die Themen	....
die Museen	....
die Lexika	....
die Atlasse, die Atlanten	....

14

Grammatik

7. Um welches Tier handelt es sich? Du findest sicher schnell die Lösung. Setze dann die richtige Form des Tiernamens mit Artikel ein.

.... ist ein Nachtjäger.

Die Schnurrhaare .... sind empfindliche Fühler.

Der Tierarzt gibt .... einmal im Jahr ein

Wurmmittel.

Die alten Ägypter verehrten ....

8. Ersetze die Nomen durch passende Pronomen.

es   **ihm**   **er**

sie   **ihnen**   **ihn**

Das Mädchen pflückt einen Blumenstrauß.

.... stellt .... in eine Vase.

Heute Morgen hat Jenny ihren Freund Benni getroffen.

.... hat sich mit .... für den gemeinsamen

Schulweg verabredet.

Jan leiht sich ein Buch, weil .... noch

nicht kennt.

Tim und Max haben im Kino einen sehr spannenden Film

gesehen. .... hat .... gut gefallen.

15

Grammatik

Das Verb

Verben (Tätigkeitswörter) bezeichnen Handlungen (ich renne), Vorgänge (es brennt) oder Zustände (ich bin). Sie werden immer kleingeschrieben.

Sie kommen in verschiedenen Formen vor:
in der Grundform (schreiben, streicheln) oder in der Personalform. Die Personalform gibt es in der Einzahl (ich schreibe, du schreibst, er/sie/es schreibt) und in der Mehrzahl (wir schreiben, ihr schreibt, sie schreiben).

Verben können aus zwei Teilen bestehen:
ankommen – Er **kommt** am Bahnhof **an**.

Verben geben die Zeitstufen früher, jetzt und später an. Innerhalb dieser drei Zeitstufen wird das Verb in verschiedenen Zeitformen benutzt.

jetzt: Verben in der Gegenwartsform sagen, was jemand gerade tut oder was jetzt in diesem Augenblick geschieht (ich gehe).

später: In der Zukunftsform drücken sie aus, was jemand irgendwann, zu einem späteren Zeitpunkt tun wird (ich werde gehen).

früher: Wenn du etwas Vergangenes schriftlich erzählst, verwendest du die 1. Vergangenheit (ich ging). Wenn du etwas Vergangenes mündlich erzählst, verwendest du die 2. Vergangenheit (ich bin gegangen).

WICHTIG

Beim Nachschlagen von Verbformen im Wörterbuch musst du die Verben in der Grundform suchen.

Fit fürs G8?

Überprüfe dein Wissen

P

1. Suche das Verb und unterstreiche es.

DANEBEN   REGNEN   SEGEN   NEBEL   REGEN

1 ☐

2. Schreibe die Grundform des Verbs auf.

er fährt: ....

1 ☐

3. Unterstreiche das Verb.

Er kommt pünktlich um 16:43 Uhr am Bahnhof an.

1 ☐

4. Markiere die Sätze in der entsprechenden Farbe:
früher, jetzt, später

Jan wird bald umziehen.
Seine Eltern fanden eine größere Wohnung.
Sie haben lange gesucht.
Jans Klasse bereitet ein Abschiedsfest vor.

4 ☐

5. Schreibe neben jeden Satz die Zeitstufe.

Ich gehe zu meiner Freundin. ....
Ich ging zu meiner Freundin. ....
Ich bin zu meiner Freundin gegangen. ....
Ich werde zu meiner Freundin gehen. ....

4 ☐

6. Bilde die 2. Person Einzahl, 2. Vergangenheit von „lesen".

....

1 ☐

0 – 2 Punkte	3 – 6 Punkte	7 – 9 Punkte	10 – 12 Punkte	Punktzahl
Wiederhole den Stoff gründlich.	Lies noch einmal die Wissensseite.	Gut! Starte nun die Übungen.	Super! Du bist schon fit fürs G8!	☐

Das Verb

Übungen

1. Suche die Verben heraus, kreise sie ein und schreibe sie auf.

ABFAHREN SPÄT PÜNKTLICH BAHNSTEIG
SCHIEBEN SCHAFFNER ANSAGEN FAHRKARTE
LAUT KOFFER HETZEN
SIGNAL GLEISE
KONTROLLIEREN
VERKAUFEN RÜCKSICHTSLOS WINKEN

....
....
....

2. Bilde die Grundform und schreibe sie auf.

du schreibst kommt von ....

er aß kommt von ....

sie führen an kommt von ....

er schwamm kommt von ....

ihr habt gelacht kommt von ....

du läufst kommt von ....

Grammatik

3. Bilde möglichst viele Zweiwortsätze. Verbinde die Bausteine miteinander.

 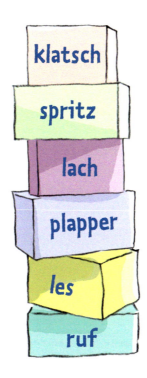 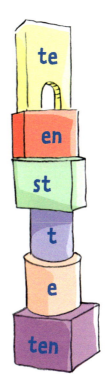

4. Bilde die Personalformen von „werfen" und trage sie ein.

Einzahl	1. Person	ich	....
	2. Person	du	....
	3. Person	er/sie/es	....
Mehrzahl	1. Person	wir	....
	2. Person	ihr	....
	3. Person	sie	....

19

Das Verb

5. Unterstreiche die Sätze in der Farbe passend zur Zeitstufe:
früher, jetzt, später.

Ich las in der Zeitung einen Bericht über den nächsten Kindermarathon.

Ich beschloss, den Kindermarathon mitzulaufen.

Ich habe mich gut vorbereitet.

Ich ziehe meine Laufschuhe an und renne los.

Hoffentlich werde ich eine gute Zeit laufen.

6. Unterscheide die beiden Zeitformen für früher. Trage sie ein.

ich habe gespielt   ich habe geklatscht

ich lief

ich habe mich gefreut

ich lachte

ich ging   ich träumte

ich habe gewonnen

1. Vergangenheit: ....

....

....

2. Vergangenheit: ....

....

....

Grammatik

7. Trage die Zeitformen in die richtigen Kästchen ein.

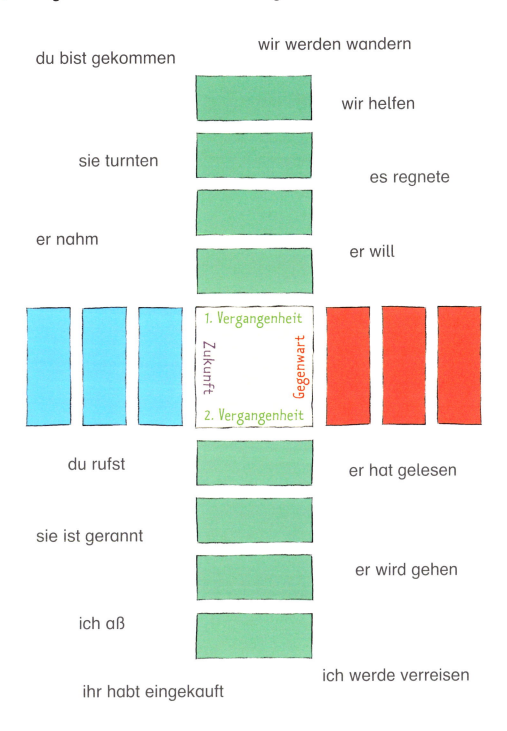

Grammatik

Das Adjektiv

Adjektive bezeichnen Eigenschaften
von Lebewesen (die große Schwester),
von Gegenständen (das neue Buch),
von Gefühlen, Gedanken, Vorstellungen (die kalte Wut,
das gute Gedächtnis).

Adjektive beschreiben die Art
einer Tätigkeit (Er rennt schnell.) oder
eines Verhaltens (Sie ist frech.).

Wenn Adjektive zu einem Nomen gehören, verändern sie
je nach Fall, Einzahl oder Mehrzahl und Geschlecht des
Nomens ihre Form:
Mein **kleiner** Bruder tobt herum.
Im Zimmer meines **kleinen** Bruders ist es laut.
Kleine Brüder nerven.

Adjektive können gesteigert werden. So kann man mit ihnen
gut Vergleiche anstellen. Es gibt insgesamt drei Stufen:
die Grundstufe (Erkan springt so **weit** wie Tim.),
die 1. Vergleichsstufe/Steigerungsstufe (Lea springt **weiter** als Elsa.),
die 2. Vergleichsstufe/Steigerungsstufe (Denis springt **am weitesten**.).

Adjektive können mit Wörtern anderer Wortarten zu neuen
Adjektiven zusammengesetzt werden:
Nomen – Adjektiv (haushoch)
Verb – Adjektiv (redselig)
Adjektiv – Adjektiv (dunkelblau)

WICHTIG

Kann etwas runder als rund sein? Nein.
Es gibt Adjektive, die man nicht steigern kann.

Fit fürs G8?

Überprüfe dein Wissen

P

1. Markiere die Adjektive.

Eis   warm   schwitzen   sonnig   baden
Sonne   essen   riechen   Honig   lesen

2

2. Unterstreiche die Adjektive.

Der Hund bellt laut am Gartentor.
Über den Fahrradfahrer auf der Straße ist er wütend.

2

3. Markiere die richtige Form des Adjektivs und setze sie ein.

bunten   bunter   bunte

Ich schenke ihm .... Luftballons.

1

4. Steigere folgende Adjektive.

schnell   ....

lang.....   ....   am längsten..............

....   breiter..............   ....

viel.....   mehr..............   ....

6

5. Welches Adjektiv lässt sich nicht steigern? Unterstreiche es.

groß   hübsch   leer   hell   lang

1

0 – 2 Punkte	**3 – 6 Punkte**	**7 – 9 Punkte**	**10 – 12 Punkte**	Punktzahl
Wiederhole den Stoff gründlich.	Lies noch einmal die Wissensseite.	Gut! Starte nun die Übungen.	Super! Du bist schon fit fürs G8!	

Das Adjektiv

Übungen

1. Welche Adjektive können das Nomen Tür genauer beschreiben, welche das Verb sprechen? Kreise sie in der entsprechenden Farbe ein.

2. Trage die richtigen Endungen der Adjektive ein.

eine	langsam......	Schnecke
ein	schnell......	Gepard
das	angriffslustig......	Rhinozeros
der	bunt......	Papagei
die	giftig......	Schlange
der	lustig......	Affe
ein	exotisch......	Fisch
die	langbeinig......	Giraffe
der	stachelig......	Igel
eine	mutig......	Löwin

Grammatik

3. Fülle die Tabelle aus.

Grundstufe	1. Vergleichsstufe	2. Vergleichsstufe
....	....	am frechsten ....
....	näher	....
viel	....	....
....	besser	....
leer	....	....
hoch	....	....
....	....	am größten ....
....	netter	....

4. Untersuche die zusammengesetzten Adjektive. Für ein Nomen im ersten Teil trage N ein, für ein Verb V und für ein Adjektiv A.

blitzschnell ◯   rauflustig ◯

kerngesund ◯   hellgrün ◯   steinhart ◯

sterbenskrank ◯   redselig ◯

dunkelrot ◯   turmhoch ◯

zartrosa ◯

schwerfällig ◯   tobsüchtig ◯

25

Grammatik

Der Satz

Man unterscheidet verschiedene Satzarten:
den Aussagesatz (Johannes malt.),
den Fragesatz (Malt Johannes?),
den Aufforderungssatz (Male mir ein Bild!) und
den Ausrufesatz (Oh, er malt!).
Im Zweifel erkennt man die Satzart an ihrem Schlusszeichen
(Punkt, Fragezeichen, Ausrufezeichen).

Die Teile eines Satzes nennt man Satzglieder. Ein Satzglied kann aus einem Wort oder aus mehreren Wörtern bestehen. Satzglieder kann man umstellen, ohne dass sich der Sinn des Satzes ändert.

Die drei wichtigsten Satzglieder sind das Subjekt, das Prädikat und das Objekt.

Lukas	füttert	seinen dicken Hamster.
Subjekt	Prädikat	Objekt

Seinen dicken Hamster	füttert	Lukas.
Objekt	Prädikat	Subjekt

Nach dem Subjekt fragt man mit: Wer oder was?
Wer füttert den dicken Hamster?

Nach dem Prädikat fragt man mit:
Was tut jemand? Was geschieht?
Was tut Lukas?

Nach dem Objekt fragt man mit: Wessen? (2. Fall),
Wem? (3. Fall), Wen oder was? (4. Fall)
Wessen Hamster füttert Lukas?
Wem gehört der Hamster?
Wen füttert Lukas?

26

Fit fürs G8?

Überprüfe dein Wissen

P

1. Bestimme die Satzarten. Ergänze die Satzzeichen.

Oh, schau mal, ein Heißluftballon ☐
Wo fliegt er denn ☐
Such ihn ☐
Dahinten über dem Kirchturm ist er verschwunden ☐

4 ☐

2. Stelle die Satzglieder um.

Felix putzt seine schmutzigen Gummistiefel.

....

....

1 ☐

3. Wie viele Satzglieder hat dieser Satz?
Markiere die richtige Anzahl.   ☐1   ☐2   ☐3   ☐4

Großmutter schenkt ihrem Enkel ein spannendes Buch.

1 ☐

4. Wie fragt man nach den Satzgliedern? Schreibe auf.

Subjekt   ....
Objekt   ....
Prädikat   ....

3 ☐

5. Unterstreiche in dem Satz das Subjekt lila, das Prädikat rot und
die Objekte grün.

Seinem Hamster kauft Lukas einen neuen Käfig.

3 ☐

0 – 2 Punkte	3 – 6 Punkte	7 – 9 Punkte	10 – 12 Punkte	Punktzahl
Wiederhole den Stoff gründlich.	Lies noch einmal die Wissensseite.	Gut! Starte nun die Übungen.	Super! Du bist schon fit fürs G8!	☐

Der Satz

Übungen

1. Schau dir das Bild an und lies in den Sprechblasen, was die Kinder sagen. Bestimme die Satzarten und ergänze dann die passenden Satzzeichen in den Sprechblasen.

28

Grammatik

2. Trage den folgenden Satz ein und stelle ihn um.

Der Frosch fängt eine Mücke.

Subjekt	Prädikat	Objekt
Objekt	Prädikat	Subjekt
Prädikat	Subjekt	Objekt

3. Hier ist einiges durcheinandergeraten. Bilde mit den Wörtern einen Satz. Schreibe ihn richtig auf und kreise die Satzglieder ein.

ANTON BRUDER EINE IHREM EMMA POSTKARTE SCHREIBT

....

....

ANTONS GEFÄLLT BESTEM FREUND BRIEFMARKE DIE

....

....

ANTON SCHENKT IHM SIE?

....

29

Der Satz

4. Trage ein passendes Subjekt ein.

die Uhr

der Unterricht

das Handy

der Wecker

meine Schwester

der Film

er

der Vater

Oma

.... kocht am Sonntag das Essen. Jeden Morgen
wer oder was?

klingelt ....
wer oder was?

.... war ziemlich langweilig.
wer oder was?

Morgen wird .... ins Schwimmbad gehen.
wer oder was?

5. Welche Subjekte passen zum Prädikat? Färbe sie lila ein.

Olli und Klara

der Tenor

sie

die Katze

ein Chor

singt

wir

der Vogel

du

das Schiff

die Sängerin

30

Grammatik

6. Frage nach dem markierten Objekt mit: Wessen?, Wem? oder Wen oder was? Schreibe Frage und Antwort auf.

Der Vater packt das Auto.

Frage: Wen oder was packt der Vater?

Antwort: ....

Lizzi bringt ihm ihr Schmusekissen.

Frage: ....

Antwort: ....

Der Vater stopft es zwischen die Koffer.

Frage: ....

Antwort: ....

Das gefällt Lizzi gar nicht.

Frage: ....

Antwort: ....

Sie holt ihr Kissen wieder aus dem Auto.

Frage: ....

Antwort: ....

Sie gibt ihrem Vater lieber das Kissen ihres Bruders.

Frage: ....

Antwort: ....

Grammatik

Das erwartet dich im G8: grammatische Fachausdrücke

Nomen werden auch als Substantive bezeichnet. Wenn das Substantiv in verschiedenen Fällen vorkommt, verändert es seine Endung: Es wird dekliniert. Die Fälle nennt man Kasus:

1. Fall = Nominativ   3. Fall = Dativ
2. Fall = Genitiv   4. Fall = Akkusativ

Substantive können ersetzt werden durch Personalpronomen, die ein Substantiv direkt ersetzen, und Possessivpronomen, die anzeigen, wem etwas gehört. Pronomen werden ebenfalls dekliniert.

Die Veränderung der Verbformen nennt man Konjugation.
Die Zeitstufen werden im sogenannten Tempus des Verbs ausgedrückt:

Gegenwart = Präsens

Zukunft = Futur

Vergangenheit = Präteritum + Perfekt

Außerdem gibt es noch die Befehlsform, den Imperativ. Er kann eine freundliche Bitte, eine Aufforderung oder einen Befehl ausdrücken und sich dabei an eine oder mehrere Personen richten.

WICHTIG

Du bildest den Imperativ wie folgt:
- **Singular:** Präsensstamm + -e (die Endung fällt häufig weg): üb-en → üb(e)! Manche Verben verändern ihren Stammvokal: helf-en → hilf!
- **Plural:** Präsensstamm + **-t:** hör-en → hört!

Die drei Steigerungs- oder Vergleichsstufen der Adjektive nennt man Positiv (Grundstufe), Komparativ (1. Stufe) und Superlativ (2. Stufe). Auch Adjektive werden dekliniert.

Fit fürs G8?

Überprüfe dein Wissen

P

1. Bestimme die Wortarten: Markiere durch Pfeile, welches Wort in welches Fass gehört.

Verben

Pronomen

Adjektive

Substantive

Fass, Spiel, ich, nächtlich, kennen, mein, Kenner, Männer, Schere, wir, viel, kompliziert, unterbieten, raufen, blau, finden, ihre

4 ☐

2. Welche Wörter kann man konjugieren, welche deklinieren?

	konjugierbar	deklinierbar
Possessivpronomen	☐	☐
Verben	☐	☐
Substantive	☐	☐
Adjektive	☐	☐
Personalpronomen	☐	☐

4 ☐

3. Welchen Kasus hat das Wort Freiheit jeweils? Nominativ, Genitiv, Dativ oder Akkusativ?

Freiheit ist für die meisten Menschen ein hoher Wert. . . . .

Der König schenkte seinem Diener die Freiheit. . . . .

Jeder Mensch bedarf seiner Freiheit. . . . .

Freiheit ist nicht selbstverständlich. . . . .

Freiheit wird eine enorme Bedeutung gegeben. . . . .

4 ☐

0 – 2 Punkte	3 – 6 Punkte	7 – 9 Punkte	10 – 12 Punkte
Wiederhole den Stoff gründlich.	Lies noch einmal die Wissensseite.	Gut! Starte nun die Übungen.	Super! Du bist schon fit fürs G8!

Punktzahl

☐

Das erwartet dich im G8

Übungen

1. Fülle die farbigen Felder aus: Dekliniere die folgenden Substantive und ergänze die fehlenden Fälle.

		die Mutter	der Mann	das Kind
Einzahl	1.	....	....	....
	2. Genitiv....	....	des Mannes..	....
	3.	....	....	....
	4.	....	....	....
Mehrzahl	1.	....	....	....
	2.	....	....	....
	3.	....	....	....
	4.	....	....	....

2. Setze die fehlenden Pronomen ein und schreibe in Klammern, ob es sich um ein Personalpronomen (Pers.) oder um ein Possessivpronomen (Poss.) handelt.

Theo ist von zu Hause weggelaufen. .... (..........) verlässt

.... (..........) Zuhause, weil .... (..........) Eltern sich nicht

mehr vertragen. Auch in der Schule hat .... (..........)

Probleme: .... (..........) Noten sind schlecht und mit ....

(..........) Mitschülern versteht .... (..........) sich auch nicht.

Grammatik

3. Setze die richtigen Verbformen im Präsens ein.

Herr Müller .... (gehen) mit seinem riesigen Hund zum

Tierarzt und .... (flehen): „Bitte .... (helfen) Sie

mir! Mein Hund .... (jagen) immer Fahrzeugen hinterher!"

Der Tierarzt .... (antworten): „............... (machen)

Sie sich keine Sorgen! Das .... (kommen) nicht von

ungefähr. Sein Verhalten .... (sein) ganz normal. So

etwas .... (tun) gewöhnlich alle Hunde." Da ....

(toben) Herr Müller: „Vielleicht! Aber meiner .... (fangen)

sie stets und .... (vergraben) sie dann im Garten!"

4. Bilde den Imperativ Singular und Plural zu folgenden Infinitiven
(Grundform). Achtung: Bei manchen Imperativen ändert sich der
Stammvokal!

	Singular	Plural
fragen	....	....
essen	....	....
lesen	....	....
geben	....	....
lachen	....	....
reden	....	....

35

Rechtschreiben

Groß- und Kleinschreibung

Nomen, Eigennamen, Satzanfänge und Höflichkeitsanreden werden großgeschrieben:
Ich spiele mit Felix im Haus. Wie geht es Ihnen?

Man kann Nomen (siehe S. 10) oft daran erkennen, dass sie mit einem Artikel verbunden werden und in der Einzahl und Mehrzahl vorkommen können: der Mann, die Männer, das Kind, die Kinder, ein Hund, zwei Hunde

Auch die Wortbausteine -nis, -heit, -keit, -ung weisen auf die Wortart Nomen hin: das Ergeb**nis**, die Weis**heit**, die Neuig**keit**, die Beschäftig**ung**

Verben (siehe S. 16) werden kleingeschrieben. Man kann sie an ihrer Personal- und Zeitform erkennen: du fährst, wir fahren; gehen, ging, gegangen

Adjektive (siehe S. 22) werden kleingeschrieben. Die meisten Adjektive sind auch daran zu erkennen, dass man sie steigern oder erweitern kann: schnell, schneller, am schnellsten, sehr schnell

Auf Adjektive weisen die Wortbausteine -isch, -ig, -lich, -los, -bar, -sam hin: log**isch**, gold**ig**, sommer**lich**, arbeits**los**, wunder**bar**, ein**sam**

Wenn Adjektive und Verben wie Nomen gebraucht werden, schreibt man sie groß: die Schöne, alles Gute, zum Essen, das Singen

WICHTIG

In einem Brief verwendet man Höflichkeitsanreden, wenn man jemanden siezt.

Fit fürs G8?

Überprüfe dein Wissen

P

1. Achte auf die Großschreibung. Korrigiere.

Lieber Herr Müller,
mein Computer ist mal wieder kaputt. wann könnten sie
ihn reparieren? Gruß Katja

2

2. Schreibe drei Wortbausteine auf, die auf ein Nomen hinweisen.

....

3

3. Schreibe auf, woran man ein Verb erkennt.

....

2

4. Unterstreiche das Verb, das als Nomen gebraucht wird.

Mein Bruder hat sich beim Laufen den Fuß verstaucht.

1

5. Unterstreiche das Adjektiv, das als Nomen gebraucht wird.

Aber Schneewittchen ist die Allerschönste hier.

1

6. Suche ein Nomen, ein Verb und ein Adjektiv heraus und markiere,
woran du die Wortart erkennst. Schreibe die drei Wörter auf.

BIS WINDIG AUF NEBEN UNTER ER ZEUGNIS ÜBER
WEIL DARUM KOMMT HINUNTER ABER ALS

....

3

0 – 2 Punkte	3 – 6 Punkte	7 – 9 Punkte	10 – 12 Punkte	Punktzahl
Wiederhole den Stoff gründlich.	Lies noch einmal die Wissensseite.	Gut! Starte nun die Übungen.	Super! Du bist schon fit fürs G8!	

Groß- und Kleinschreibung

Übungen

1. Der Wortstamm dieses Fantasiewortes heißt UPSEL. Wende
für jedes UPSEL-Wort die Wortartenprobe an. Ordne die
Wörter den Wortarten zu.

DER UPSEL   DIE UPSELINNEN   ES HAT GEUPSELT

                   AM UPSELIGSTEN   EIN UPSELCHEN

ER UPSELTE   UPSELN
          UPSELIG   UPSELLOS

UPSELHEITEN   UPSELBAR   WIR WERDEN UPSELN

Nomen: ....

....

Verben: ....

....

Adjektive: ....

....

2. Verwende die Verben als Nomen und setze sie ein.

abstellen   **mitnehmen**   **betreten**

Das .... von Fahrrädern im Hausflur ist verboten.

Das .... von Hunden im Fahrstuhl ist untersagt.

Das .... der Baustelle ist nicht gestattet.

Rechtschreiben

3. Markiere alle Adjektive, die als Nomen gebraucht werden.

Gestern ist Hassan im Sportunterricht beim 50-m-Lauf umgeknickt. Dabei ist er der Schnellste und Sportlichste der ganzen Klasse. Er wurde ins Krankenhaus gebracht. Der Ärmste! Das Dumme an der Sache ist, dass wir nächste Woche gegen die 4b antreten wollen. Jetzt fehlt uns der Beste. Wir haben eine passende Karte gefunden, die wir Hassan schicken. Darauf steht: „Der Gesunde hat viele Wünsche, der Kranke nur einen!" Anne schreibt den Text.

Adjektive, die nach den Wörtern **viel**, **wenig**, **alles**, **nichts** und **einiges** stehen, schreibt man groß.

4. Setze in diese Nachricht sie oder Sie, ihr(e) oder Ihr(e) ein.

Herr Höfle, wir haben .... Katze gefunden. Vor Kälte zitternd saß .... hinter unserem Schuppen. Wir haben .... ins Haus genommen. Ganz struppig war .... Fell. Jetzt geht es .... aber schon wieder ganz gut.

Sicher werden .... froh sein, dass .... kleine Ausreißerin wieder da ist. Es grüßen .... Nachbarskinder.

Groß- und Kleinschreibung

5. Bilde Nomen mit den Wortbausteinen -heit, -keit, -ung, -nis
und ordne sie zu.

erinnern   traurig   rechnen   berühmt   krank   wahr
wagen   bitter   dankbar   wichtig   heizen   geheim
sicher   finster   wohnen   erleben

-heit: ....

....

-keit: ....

....

-ung: ....

....

-nis: ....

....

6. Setze Adjektive mit den Wortbausteinen -isch, -lich, -los
und -bar ein.

das   ....   Training
              Tag

eine   ....   Jacke
             Mode

das   ....   Diktat
            Fehler

eine   ....   Geschichte
             Lust

viele   ....   Lebensmittel
           halten

Rechtschreiben

7. Suche verwandte Wörter und vervollständige die Tabelle.

Adjektive	Nomen	Verben
schläfrig		
		läuten
	die Kraft	
feurig		
essbar		
	die Angst	
		stärken
	die Verkäuferin	
		sich ärgern

8. Markiere in den Wörtern den Wortstamm. Wie heißt er? Trage ihn ein.

kurzerhand   handeln   Hand
   allerhand   Handstand
Handlung   aushändigen   handgreiflich
   Hände
Händlerin   behandeln   handfest
   verhandeln   händeringend

Wortstamm: ....

Rechtschreiben

Kurze und lange Vokale

Es gibt verschiedene Laute.
Vokale: a, e, i, o, u
Umlaute: ü, ö, ä
Konsonanten: b, c, d, f, g, h, j, k, l, m, n, p, q, r, s, t, v, w, x, y, z
Doppellaute: ei, ai, au, äu, eu

Der betonte Vokal oder Umlaut in einem Wort wird entweder kurz (die Welle, rund) oder lang (leben, der Bär), Doppellaute werden lang (bleiben, braun) gesprochen.

Je nachdem, ob der betonte Vokal oder Umlaut in einem Wort kurz oder lang gesprochen wird, ändert sich die Schreibung und oftmals auch die Bedeutung des Wortes (der Ofen – offen). Nach einem betonten kurzen Vokal folgen meistens mehrere Konsonanten (das Kissen, das Fenster).

Viele Wörter mit einem lang gesprochenen Vokal werden lautgetreu geschrieben, also so, wie man sie spricht:
der Regen, schön, sagen, wir

In manchen Wörtern ist der lange Vokal besonders gekennzeichnet. Als Dehnungszeichen gelten die Verdopplung des Vokals (der Saal, leer) oder das Dehnungs-h (die Bahn, ihnen, ohne).

Wörter mit einem lang gesprochenen i werden meistens mit ie geschrieben: lieben, die Fliege, schief

ck und tz ersetzen kk und zz. Sie stehen direkt nach einem kurz gesprochenen Vokal: flicken, Zacken, Tatze

WICHTIG

Wenn du dir unsicher bist, sprich dir das betreffende Wort laut vor, ruhig mehrmals. Lass es dir auch von jemand anderem vorsagen.

Fit fürs G8?

Überprüfe dein Wissen

P

1. Unterstreiche alle Vokale.

b s r i u l p w a m e c o t w z n d f

3 ☐

2. Schreibe mindestens einen Doppellaut auf.

....

1 ☐

3. Setze unter den betonten kurzen Vokal einen Punkt und unterstreiche den langen.

rudern   halten   sagen   turnen

2 ☐

4. Markiere die Vokale, die ein besonderes Dehnungszeichen haben.

die Bären   die Beeren   der Kübel   nehmen

trüb   lesen   der Biber   geben   schlafen

3 ☐

5. Nach einem kurz gesprochenen Vokal folgen fast immer

....

1 ☐

6. Löse die Rätsel und ordne ihnen folgende Lösungswörter zu: Schall, Schal, Hüte und Hütte.

Werden auf dem Kopf getragen: ....

Darin kann man Unterschlupf suchen: ....

Trägt man um den Hals: ....

Reimt sich auf Knall: ....

2 ☐

0 – 2 Punkte	3 – 6 Punkte	7 – 9 Punkte	10 – 12 Punkte
Wiederhole den Stoff gründlich.	Lies noch einmal die Wissensseite.	Gut! Starte nun die Übungen.	Super! Du bist schon fit fürs G8!

Punktzahl

☐

Kurze und lange Vokale

Übungen

1. Unterstreiche (–) den betonten lang gesprochenen Vokal oder setze unter den betonten kurz gesprochenen Vokal einen Punkt (•).

der Haken   das Beet   sagen   raten

der Nagel   das Bett

trinken   dich   schwer   schlaff

wirr   über   das Brett   husten   der Tanz

schlafen   die Ratte   der Tiger   helfen

2. Lies die Wörter und präge sie dir ein. Decke sie Zeile für Zeile ab und schreibe möglichst viele auswendig auf.

das Aas, das Haar, das Paar, der Saal, die Waage

die Beere, das Beet, die Fee, der Kaffee, leer, das Meer

der Schnee, der See, die Seele, der Tee, die Idee

das Boot, das Moos, der Zoo, das Moor, doof

5 Wörter mit **aa**: ....

....

5 Wörter mit **ee**: ....

....

5 Wörter mit **oo**: ....

....

Rechtschreiben

3. Sprich die Wörter in Silben. Trage die Silben ein und kreuze an,
ob du das h hören kannst oder nicht.

	1. Silbe	2. Silbe	ja	nein
stehen	ste-	hen	x	
der Uhu				
fahren				
die Stühle				
ziehen				
bohren				
zählen				
ihren				

> Das silbentrennende **h** hört man beim deutlichen Sprechen
> in Silben, das Dehnungs-**h** bleibt stumm.

4. Bilde zunächst immer die Grundform des Verbs. Kreuze dann an.

	Verb mit Dehnungs-h	Verb mit silben-trennendem h
Er führt seinen Hund aus.	☐	☐
Sie steht an der Haltestelle.	☐	☐
Es geht mir gut.	☐	☐
Sie fährt mit dem ICE.	☐	☐
Er fehlt heute.	☐	☐

Kurze und lange Vokale

5. Ordne die Wörter nach ihrer Silbenanzahl. Jede Silbe gehört in ein Kästchen. Die Wörter haben eine Gemeinsamkeit. Schau sie dir genau an. Was fällt dir auf?

fliegen   spazieren   sie   sieben   Wiese   Fieber
nie   probieren   wie   verlieren   Knie   kopieren
diktieren   Spiegel   die

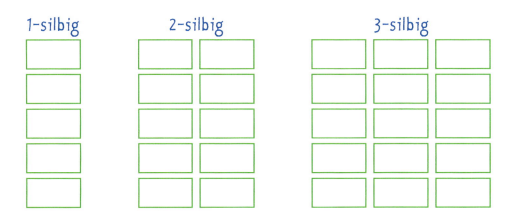

1-silbig   2-silbig   3-silbig

6. Bilde zu jeder Grundform des Verbs die 3. Person Einzahl in der 1. Vergangenheitsform. Schreibe sie auf und kreise ie ein.

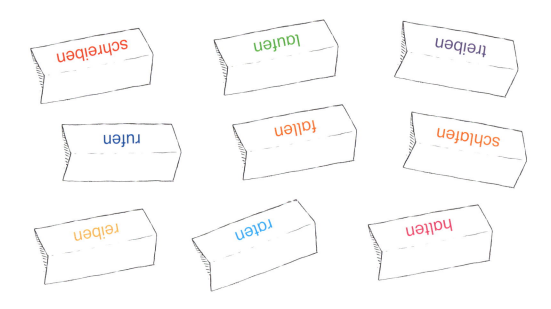

Rechtschreiben

7. Trage die Anzahl der Konsonanten, die hinter dem betonten kurzen Vokal stehen, in die Kästen ein. Unterstreiche die Doppelkonsonanten, auch ck und tz.

das Fenster ☐   schnappen ☐   schütteln ☐

parken ☐   klettern ☐   der Stöpsel ☐   dick ☐

der Kamm ☐   die Pfütze ☐   zucken ☐

der Fleck ☐   stampfen ☐   die Katze ☐   petzen ☐

pflücken ☐   wackeln ☐   irren ☐   die Jacke ☐

der Schwamm ☐   trommeln ☐   huschen ☐

stürzen ☐   der Dampf ☐   mampfen ☐   das Brett ☐

das Schloss ☐   die Kerze ☐   der Trick ☐

klatschen ☐   der Schmerz ☐   kratzen ☐

8. Sprich jedes Wort in Silben und male die Silbenbögen darunter.

Zimmerdecke   Schneckenpfanne

Treppensturz

Katzentatzen   Kellerratten

Puppenbetten

Höllenschrecken

Wasserschätze

Schlittenrennen   Mittagessen

Achtung: In „Puppenbett" und „Treppensturz" sind jeweils zwei Vokale besonders kurz.

47

Rechtschreiben

Gleich klingende Konsonanten

Die Laute b, g und d sind weiche Laute. Hart sind die Laute p, k und t. Im Auslaut und am Ende eines Wortstammes oder einer Silbe hört man aber alle diese Laute als harte Laute: gesund, die Hand, der Korb, er sagt

In mehrsilbigen Wörtern lassen sich gleich klingende Laute besser abhören.
Nomen kann man durch die Bildung der Mehrzahl verlängern:
der Korb – die Kör-be
Verbformen werden verlängert, indem man die Grundform bildet:
er sagt – sa-gen
Adjektive kann man verlängern, indem man sie steigert:
gesund – ge-sün-der

Bei zusammengesetzten Wörtern sucht man das schwierige Wort heraus: das Handtuch – die Hand – die Hän-de

Das s ist ein weich ausgesprochener, das ß ist ein scharf ausgesprochener Laut. Am Wortende oder Silbenende hört man nur einen scharfen Laut: das Gras, der Fuß
Auch hier hilft manchmal die Verlängerungsprobe:
Gras – Grä-ser, Fuß – Fü-ße

Das V/v kann wie f (der Vogel) oder wie w (das Verb) klingen.

Die Konsonantenverbindungen gs, ks, cks, x und chs klingen alle gleich:
unterwegs, der Keks, der Klecks, der Fuchs, das Taxi

WICHTIG

Wenn jemand einen Dialekt spricht, können harte Laute manchmal weich klingen und umgekehrt. Dann musst du besonders aufpassen.

Fit fürs G8?

Überprüfe dein Wissen

P

1. Kreise die weich klingenden Laute ein.

b   t   g   p   d   k

2

2. Nenne die Verlängerungsproben für

Nomen: ....

Verben: ....

Adjektive: ....

3

3. Verlängere die Wörter. Schreibe sie nach Silben getrennt auf.

schnell ....

das Gras ....

er gräbt ....

der Fuß ....

4

4. Verlängere die Wörter und setze danach die fehlenden
Buchstaben ein. Kreuze an, wie oft du g eingesetzt hast.

einmal ☐   zweimal ☐   dreimal ☐

du häl....st   der Hu....   das Zel....   er hu....t
du fra....st   star....   sie gi....t

2

5. In welchem Wort wird v wie w ausgesprochen? Unterstreiche.

die Vogelbeere   brav   der Vetter   voll   vier

der Versuch   das Klavier   vorsichtig   vielleicht

1

0 – 2 Punkte	3 – 6 Punkte	7 – 9 Punkte	10 – 12 Punkte
Wiederhole den Stoff gründlich.	Lies noch einmal die Wissensseite.	Gut! Starte nun die Übungen.	Super! Du bist schon fit fürs G8!

Punktzahl

Gleich klingende Konsonanten

Übungen

1. Sprich jedes Wort mit geschlossenen Augen. Höre auf den Auslaut. Bilde die Mehrzahlform und trage sie nach Silben getrennt ein. Höre das Wort noch einmal ab.

der Dieb, der Stab, der Korb, der Feind, das Band, der Wald, der Berg, der Sieg, der Kamm, das Schloss, der Fall, das Bett

2. Ergänze b oder p, d oder t, g oder k. Wende vorher die Verlängerungsprobe an.

kal...   gel...   frem...   bun...   kran...   gesun...   star...

belieb...   wüten...   schrä...   fleißi...   flin...

Wörter mit weichem Auslaut: ....

....

....

Wörter mit hartem Auslaut: ....

....

....

Rechtschreiben

3. Ergänze g/k, b/p, ff, ll, mm, nn, pp, ss. Schreibe die Verlängerungsprobe so auf:

kommt von →   *deshalb* →

er be...llt	bel	len	ll
sie stei...t			
du ü...st			
sie schna...t			
er gi...t			
es bru...t			
es kle...t			
du grä...st			
er sin...t			
es sin...t			
er schnau...t			
er kla...t			
ihr lo...t			
sie le...t			
ihr schrei...t			
du lü...st			
er zei...t			
sie kü...t			
du re...st			
du scha...st			

51

Gleich klingende Konsonanten

4. Sprich jedes Wort nach Silben getrennt. Achte dabei besonders darauf, wie du das s und das ß aussprichst.

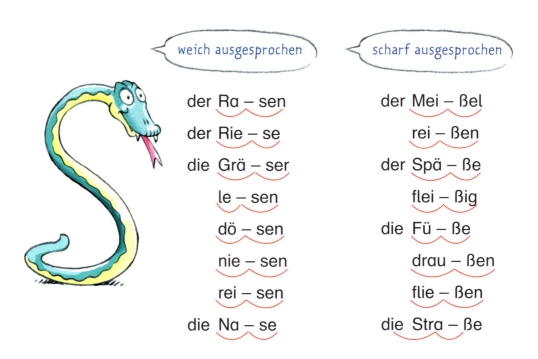

weich ausgesprochen

der Ra – sen
der Rie – se
die Grä – ser
le – sen
dö – sen
nie – sen
rei – sen
die Na – se

scharf ausgesprochen

der Mei – ßel
rei – ßen
der Spä – ße
flei – ßig
die Fü – ße
drau – ßen
flie – ßen
die Stra – ße

5. Markiere die Doppellaute vor dem ß.

der Strauß   der Schweiß   beißen

dreißig   weiß   der Fleiß

heißen   außerdem

schmeißen   scheußlich

äußerlich

Wörter mit gleichem Wortstamm werden an der schwierigen Stelle oft gleich geschrieben: die Späße, der Spaß, spaßig.

Rechtschreiben

6. Markiere die gleich klingenden Konsonantenverbindungen und schreibe die Wörter geordnet auf.

der Keks   mittags   der Klecks   die Axt   das Taxi   links

unterwegs   die Tanks   boxen   der Fuchs   neuerdings

das Wachs   sechs   der Klacks   wachsen   das Fax

x ....

ks ....

cks ....

gs ....

chs ....

7. Sprich die Wörter deutlich und verbinde sie mit dem passenden Laut in der entsprechenden Farbe.

   der Vampir   das Vieh   der Vater
viel   vier

die Lava   provozieren

der Vetter   w   f   die Vase

die Olive   November
     voll   vielleicht   vor

Rechtschreiben

Zeichensetzung

Satzzeichen gliedern geschriebene Sätze. Sie zeigen Pausen und Betonungen an.

Am Ende eines Aussagesatzes steht ein Punkt:
Ich gehe um acht in die Schule. Dort sehe ich meine Freunde.

Am Ende eines Fragesatzes steht ein Fragezeichen:
Wann gehst du los? Wo treffen wir uns?

Am Ende eines Ausrufes oder einer Aufforderung steht ein Ausrufezeichen: Das ist cool! Ruf mich nach der Schule an!

Ein längerer Satz wird durch Kommas unterteilt. Häufig stehen nach dem Komma Bindewörter wie weil, dass, damit, obwohl:
Ich weiß, dass wir morgen frei haben.

Aufzählungen werden durch Kommas abgetrennt, außer wenn sie durch Bindewörter verbunden sind:
Heute haben wir Sport, Mathe, Deutsch und Kunst.

Die wörtliche Rede wird durch besondere Redezeichen markiert: den Doppelpunkt und die Anführungszeichen.

Paul schlägt vor: „Lass uns heute ins Schwimmbad gehen."
  Begleitsatz   wörtliche Rede

„Ja, wir wollen um zwei Uhr losfahren", antwortet sein Freund.
„Ich packe meine Badehose ein", freut sich Paul, „damit ich gleich losfahren kann."
„Wann kommt ihr wieder?", fragt Pauls Mutter.

WICHTIG

Das Komma steht immer außerhalb der Anführungszeichen, Punkt, Frage- und Ausrufezeichen stehen innerhalb.

Fit fürs G8?

Überprüfe dein Wissen

P

1. Gliedere die Wörterschlange in Sätze. Setze die Punkte und schreibe die Satzanfänge groß.

am Montag machen wir einen Ausflug wir wollen die Burg Rheinstein besichtigen

2 ☐

2. Setze die richtigen Satzzeichen ans Ende der Sätze.

Kommst du mit ins Kino ☐
Nein, ich habe keine Zeit ☐
Schade, ich hätte mich so gefreut ☐

3 ☐

3. An welcher Stelle musst du ein Komma setzen?

Wir können ins Kino in die Eishalle oder in den Park gehen.

1 ☐

4. Setze die richtigen Satz- und Redezeichen ein.

Lises Mutter fragt Welchen Film habt ihr euch angeschaut?

2 ☐

5. Setze alle Satz- und Redezeichen ein.

Wie viel Uhr ist es jetzt will Tine von ihrer Mutter wissen
Tine ergänzt noch Wenn ich zu lange warte
komme ich zu spät
Du kannst ja meint ihre Mutter bereits in fünf
Minuten starten
Das ist eine gute Idee so werde ich es machen meint Tine

4 ☐

0 – 2 Punkte	**3 – 6 Punkte**	**7 – 9 Punkte**	**10 – 12 Punkte**	Punktzahl
Wiederhole den Stoff gründlich.	Lies noch einmal die Wissensseite.	Gut! Starte nun die Übungen.	Super! Du bist schon fit fürs G8!	☐

Zeichensetzung

Übungen

1. Lies den Text aufmerksam durch und setze Satzschlusszeichen ein. Schreibe die Satzanfänge groß.

gestern feierten wir ein Klassenfest die Eltern waren eingeladen wir führten ein Theaterstück auf während wir uns verkleideten und schminkten, waren alle ziemlich aufgeregt aber zum Glück klappte alles gut und keiner machte einen Fehler nur am Ende fiel der Prinzessin bei der Verbeugung die Krone vom Kopf und der König stolperte über seine Schleppe alle lachten und klatschten noch ein bisschen mehr

2. Setze die passenden Satzschlusszeichen ein.

Die Kinder sind aufgeregt ☐ Sie schreiben gleich eine Klassenarbeit ☐ Ob sie genug gelernt haben ☐ Ob sie alle Aufgaben lösen können ☐ Am Ende der Stunde sind die Kinder erleichtert ☐ Das war ja gar nicht schwer Aber jetzt reichts ☐

56

Rechtschreiben

3. Diese Sätze enthalten Aufzählungen. Trenne sie durch Kommas voneinander ab.

Ich habe eine süße freche Maus zum Geburtstag bekommen. Täglich muss ich die Maus füttern ihren Käfig sauber machen ihr etwas zu trinken hinstellen und nett mit ihr sprechen. Manchmal finde ich das etwas nervig lästig und blöd. Dafür kann ich aber mit ihr spielen sie beobachten und sie streicheln.

4. Verbinde die Sätze mit den Bindewörtern. Achte auf das Komma.

Du gehst weg. Ich habe es dir verboten. (obwohl)

....

Ich glaube es nicht. Er hat meinen roten Buntstift weggenommen. (dass)

....

Sie spielte Klavier. Ich schlief. (während)

....

Ich habe den Fehler entdeckt. Ich habe alles noch einmal gelesen. (weil)

....

Biggi hofft. Max mag sie. (dass)

....

57

Zeichensetzung

5. Führe die unteren Satzanfänge mit dem Bindewort „dass" weiter und vervollständige sie mit den oberen Satzstreifen. Achtung: Jeder Satzstreifen soll nur einmal geschrieben werden. Denke an das Komma.

… das Konzert ausgefallen ist?

… ich dich nicht getroffen habe.

… es dir wieder besser geht.

… kein Mensch kommt.

… das Wetter besser wird.

Weißt du ....

Wir hoffen ....

Schade ....

Ich habe gehört ....

Die Veranstalter befürchten ....

6. Unterstreiche die Begleitsätze blau und die wörtliche Rede rot.

Max rannte am Strand entlang. Er rief begeistert: „Ich habe eine tolle Muschel gefunden!" „Ich will auch so eine finden", maulte seine kleine Schwester Anna. „Da müssen wir eben zusammen suchen", beruhigte er Anna, „wir finden bestimmt noch eine." Anna heulte: „Ich will aber deine haben!" Plötzlich fand Max eine noch größere Muschel. „Da, du kannst meine haben", sagte er und freute sich.

58

Rechtschreiben

7. Setze die Doppelpunkte und Redezeichen ein.

Daniel ruft   Lasst uns Fußball spielen!

Trixi fragt   Darf ich auch mitspielen?

Jens antwortet   Lasst uns zuerst die Mannschaften wählen.

Tim schreit   Ihr habt einen Spieler mehr als wir!

Claudio schlägt vor   Dann bist du eben Schiedsrichter.

Trixi beschwert sich   Immer muss ich Schiedsrichterin sein.

Miriam lenkt ein   Ich melde mich freiwillig als Schiedsrichterin.

Trixi freut sich   Dann kann ich mich ins Tor stellen.

Alle lachen   Du bist doch nur zu faul zum Rennen!

8. Lies den Text sehr genau. Ergänze drei fehlende Satzzeichen und an sieben Stellen die fehlenden Redezeichen.

Als Lara gestern Morgen die Augen aufmachte, war sie sehr überrascht „Es hat geschneit , rief sie, es hat geschneit!" Sie maulte: Schade dass ich in die Schule muss, ich würde viel lieber rodeln gehen!" Vater gab zu bedenken: Dafür liegt noch nicht genug Schnee Da bleibst du ja im Matsch stecken! Aber wenn es bis Samstag noch mehr Schnee gibt, können wir ja auf den Rodelberg gehen. „Das ist eine tolle Idee! , jubelte Lara, ich freue mich schon drauf!"

59

Rechtschreiben

Das erwartet dich im G8: das Komma und seine Bedeutung für den Satz

Wie du schon gelernt hast, trennt das Komma nicht nur einzelne Wörter oder Wortgruppen, sondern auch Sätze voneinander. Man nennt sie Hauptsätze und Nebensätze.

Einen Hauptsatz erkennst du daran, dass er allein stehen kann und die Personalform des Verbs an **zweiter** Stelle im Satz steht.
Pia **geht** mit den Mädels ihrer Clique shoppen.

Einen Nebensatz erkennst du daran, dass er nicht allein stehen kann und die Personalform des Verbs an **letzter** Stelle im Satz steht.
Peter weiß noch nicht, ob er heute shoppen **geht**.

Außer dem Komma stehen oft Bindewörter zwischen den Haupt- und den Nebensätzen. Diese nennt man Konjunktionen. Hier musst du besonders aufmerksam sein. Denn nicht bei allen Konjunktionen steht ein Komma!

Du musst ein Komma setzen bei:
– entgegengesetzten Konjunktionen (aber):
  Peter ist klein, **aber** stark.
– begründenden Konjunktionen (denn):
  Tim geht ins Freibad, **denn** dort trifft er Lars.

Kein Komma steht bei:
– anreihenden Konjunktionen (und, oder):
  Leon ist jetzt in der Schule **und** später geht er zum Fußball.

Bei Aufzählungen von Adjektiven steht nur ein Komma, wenn die Adjektive sich beide auf das Substantiv beziehen. Wenn sich das erste Adjektiv auf das zweite bezieht, steht kein Komma.
Er trägt einen breiten, schwarzen Hut.
Die letzten großen Ferien waren toll.

Fit fürs G8?

Überprüfe dein Wissen

P

1. Entscheide, ob ein Komma zwischen den Sätzen stehen muss. Dabei hilft dir die Unterscheidung zwischen Hauptsatz und Nebensatz. Achte auf die Konjunktionen.

Bis wir uns wiedersehen ..... werde ich jeden Tag an dich denken.

Ich denke an dich ..... und wir sehen uns bestimmt wieder.

Wir treffen uns in Hamburg ..... oder wir sehen uns in Berlin wieder.

Das erste Mal sahen wir uns in Hamburg ..... das nächste Mal trafen wir uns in Berlin.

Für nächstes Jahr planen sie einen gemeinsamen Urlaub ..... oder sie bleiben zu Hause.

Obwohl ein gemeinsamer Urlaub geplant war ..... blieben sie lieber zu Hause.

6

2. Entscheide, ob ein Komma zwischen die Aufzählungen der Adjektive (orange) gesetzt werden muss.

Kleine quirlige Kinder laufen meist zu schnell über die Straße. So geschah letzte Woche ein Unfall in Heustadt, wo zwei unvorsichtige Vierjährige die unübersichtliche alte Hauptstraße überqueren wollten. Ohne auf den Verkehr zu achten, rannten sie los, weil sie auf der anderen Straßenseite ein weißes süßes und kleines Kaninchen sahen. Der gerade vorbeifahrende müde Autofahrer konnte nicht mehr rechtzeitig bremsen, sodass die Kinder mit schweren schmerzenden und langwierigen Verletzungen ins Krankenhaus gebracht werden mussten.

6

0 – 2 Punkte	**3 – 6 Punkte**	**7 – 9 Punkte**	**10 – 12 Punkte**
Wiederhole den Stoff gründlich.	Lies noch einmal die Wissensseite.	Gut! Starte nun die Übungen.	Super! Du bist schon fit fürs G8!

Punktzahl

Das erwartet dich im G8

Übungen

1. Bestimme im folgenden Text, ob es sich um einen Haupt- oder einen Nebensatz handelt, indem du alle Hauptsätze blau und alle Nebensätze grün unterstreichst.

Stadtmaus und Feldmaus (nach Martin Luther)

Eine Stadtmaus ging einmal spazieren, als ihr eine Feldmaus begegnete. Die Feldmaus gab der Stadtmaus gerne von ihren Vorräten ab. Weil die Feldmaus aber nur Früchte des Waldes und Feldes besaß, lud die Stadtmaus sie zu einem Besuch bei ihr ein. Ihre Speisekammer war randvoll mit herrlichen Speisen. Es gab Brot, Schinken, Speck, Kuchen und allerlei mehr. Da kam aber der Besitzer der Speisekammer herein und die Mäuse suchten zitternd vor Angst ein Versteck. Die Stadtmaus floh sofort in ihr Mäuseloch. Da die Feldmaus sich aber nicht auskannte, fand sie kein sicheres Versteck und wäre beinahe umgekommen. Nach diesem Erlebnis wollte die Feldmaus schnell wieder nach Hause. „Bleibe du ruhig eine feine Stadtmaus. Ich will ein armes Feldmäuschen bleiben und bescheiden meine Eicheln und Nüsse essen. Hier in der Stadt fühle ich mich nicht sicher, weil es überall Gefahren gibt. Allein auf dem Land bin ich frei und sicher in meinem Feldlöchlein."

2. Setze ein Komma, wo es nötig ist.

Meine neuen blauen Hosen gefallen mir überhaupt nicht.

Da trage ich lieber meine alten roten Hosen!

Meine Mutter nennt mich dann immer ein dickköpfiges launisches

Kind denn ich habe mir die neuen Hosen eigentlich selbst ausgesucht.

Rechtschreiben

3. Schreibe nach den Stichwörtern ein Rezept für Biskuitrolle in ganzen Sätzen. Achte auf die richtige Kommasetzung.

Zutaten:
4 Eier – 150 g Zucker – Prise Salz – 2 Esslöffel warmes Wasser – 100 g Mehl – 2 Teelöffel Backpulver – 2 Päckchen Vanillepuddingpulver

Arbeitsschritte:
1. steif geschlagenes Eiweiß – Zucker – Salz – Wasser – in Schüssel – mit Mixer schaumig rühren
2. vorsichtig mit dem Eigelb verrühren
3. Mehl – Backpulver – Puddingpulver – sieben – mischen – vorsichtig mit Eier-Zucker-Masse verrühren
4. Teig auf Backblech gleichmäßig verteilen – 20 Minuten – 180 °C backen
5. Geschirrtuch zuckern – noch warmen Biskuit darauf stürzen – rollen – auskühlen
6. Sahnecreme – Marmelade – Schokocreme – Fruchtquark – füllen

Für die Zubereitung einer Biskuitrolle benötigt man

....

....

....

....

....

....

....

Texte schreiben

Wortschatztraining

Mit sogenannten Sammelnamen oder Oberbegriffen kannst du sehr allgemein Personen, Gegenstände, Gefühle und Gedanken benennen. Sammelnamen oder Oberbegriffe sind Nomen:
das Kind, der Schmuck

Es gibt aber auch Nomen, mit denen du etwas sehr genau bezeichnest, mit denen du also eine Person oder eine Sache näher beschreibst:
ein Baby, ein Mädchen, ein Freund, eine Sportskanone

Auch zusammengesetzte Nomen können für eine genaue und treffende Bezeichnung verwendet werden:
ein Schulkind, ein Kleinkind, ein Wunderkind

Mit Verben kannst du dich ebenfalls entweder sehr allgemein (sprechen – gehen – lachen) oder genau ausdrücken (flüstern, rufen, schreien – schlendern, flitzen, trödeln – glucksen, kichern, wiehern).

Mit Adjektiven kann man etwas sehr anschaulich und lebendig beschreiben:
ein kleines, kesses Mädchen

Besonders ausdrucksvoll und bildlich sind zusammengesetzte Adjektive:
bärenstark, pechschwarz

WICHTIG

Manche Wörterbücher können für das Wortschatztraining besonders nützlich sein, denn sie enthalten im Anhang Auswahllisten mit treffenden Ausdrücken. Schlag doch mal in deinem Wörterbuch nach.

Fit fürs G8?

Überprüfe dein Wissen

P

1. Wie heißt der Sammelname für die Wörter Bach, Fluss, See?
Kreuze ihn an.

Meer ☐   Gewässer ☐   Wasser ☐

1 ☐

2. Suche drei genauere Bezeichnungen für „Frau".

....
(hat Kinder)   (singt im Chor)   (hat einen Ehemann)

3 ☐

3. Was gibt es für Schuhe? Ergänze.

...........................schuhe

...........................schuhe

...........................schuhe

1 ☐

4. Ordne nach schnell und langsam. Markiere in den
entsprechenden Farben.

rasen   trödeln   schlendern   flitzen

4 ☐

5. Setze das passende Adjektiv ein.
empfindlich   flink   geschwätzig

das .... Eichhörnchen

1 ☐

6. Bilde mit den folgenden Wörtern zusammengesetzte Adjektive.
schreiben   reden   faul   selig

....

2 ☐

0 – 2 Punkte	3 – 6 Punkte	7 – 9 Punkte	10 – 12 Punkte	Punktzahl
Wiederhole den Stoff gründlich.	Lies noch einmal die Wissensseite.	Gut! Starte nun die Übungen.	Super! Du bist schon fit fürs G8!	☐

Wortschatztraining

Übungen

1. Finde andere Nomen für „Haus". Trage sie ein.

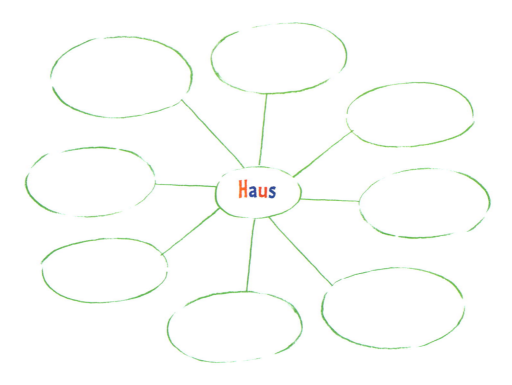

2. Es gibt viele Ausdrücke für „Mund".
   Welche findest du gut? ☺ Welche nicht? ☹

3. Warum gibt es so viele Ausdrücke für „Mund"? Was meinst du?

Texte schreiben

4. Markiere die Wörter des Wortfeldes „gehen" in den entsprechenden Farben: allgemein, schnell, langsam, besonders.

kommen   trödeln   waten   schlendern
                             hinken
sausen   flitzen
         bummeln   sich fortbewegen
                  hüpfen
begleiten   stampfen   rasen   humpeln

5. Streiche in jedem Satz die Verbform von „machen" durch und setze ein Verb ein, das die Tätigkeit genauer benennt.

backen   feiern   reißen   zeichnen   zuschlagen   aufstoßen

Ich habe einen Kuchen gemacht.

....

Ich machte die Tür zu.

....

Der Wind machte das Fenster auf.

....

Wir machten ein Fest.

....

Meine Schwester hat mein Bild kaputt gemacht.

....

Der Architekt macht einen Bauplan.

....

Wortschatztraining

6. Schreibe die Nomen, Adjektive und Verben in die richtigen Kästen.

groß
....
....
....
....
....
....
....

stark
....
....
....
....
....
....

massig

klapprig

trippeln

kräftig

der Hüne

kraftlos

aufstampfen

der Muskelprotz   ausschreiten   riesig   fit

matt   der Riese   Superman

zierlich   haushoch   zäh

putzig

der Wicht   muskulös

der Schwächling

der Feigling

klein
....
....
....
....
....
....

schlurfen

minimal

schlapp

gigantisch

der Knirps

winzig

schwach
....
....
....
....
....
....

Texte schreiben

7. Suche zusammengesetzte Adjektive, die in die Lücken passen.

Die Nacht war nicht schwarz, sie war .... schwarz.

Die Schlucht war nicht tief, sie war .... tief.

Der Sprinter lief nicht schnell, er lief .... schnell.

Ihre Augen sind nicht blau, sie sind .... blau.

Er kämpfte nicht nur mutig, er kämpfte .... mutig.

Die Wäsche war nicht weiß, sie war .... weiß.

Der Schnee lag nicht hoch, er lag .... hoch.

8. Welche Wortgruppe hat nichts mit Hunger zu tun? Streiche sie durch.

vor Hunger fast umfallen

einen Bärenhunger haben

hungrig sein

einen leeren Magen haben

einen knurrenden Magen haben

am Hungertuch nagen

ein Nimmersatt sein

Hunger leiden

Kohldampf schieben

Appetit haben

nichts zu beißen haben

Heißhunger verspüren

satt sein

Texte schreiben

Die Erzählung

In einer Erzählung schreibst du über ein Ereignis, das du entweder selbst erlebt oder dir ausgedacht hast.

Jede Erzählung hat einen Erzählkern. Ein Erzählkern ist der kurze, knappe Verlaufsplan deiner Geschichte.
Wenn du dich für einen Erzählkern entschieden hast, fällt es dir leichter, die Geschichte mit treffenden Wörtern und Beschreibungen auszuschmücken.

Die Überschrift weckt Interesse und gibt erste Hinweise auf den Verlauf der Geschichte.

Eine Erzählung besteht aus einer Einleitung, einem Hauptteil und einem Schluss. Die Erzählzeit ist in der Regel die 1. Vergangenheitsform.

Die Einleitung informiert über Personen, Ort und Zeit und macht neugierig. Sie ist kurz und nimmt nichts von der Spannung der Geschichte vorweg.

Der Hauptteil ist ein neuer Abschnitt. Die Erzählung wird Schritt für Schritt spannender und interessanter, bis sie ihren Höhepunkt erreicht.

Der Schluss rundet die Erzählung ab. Man weiß nun, wie die Geschichte ausgeht. Die Spannung wird aufgelöst. Neues kommt nicht mehr hinzu.

WICHTIG

Eine Erzählung wird persönlich und lebendig, wenn du treffende Adjektive und Verben, abwechslungsreiche Satzanfänge und wörtliche Rede benutzt.

Fit fürs G8?

Überprüfe dein Wissen

1. Wie heißen die Abschnitte einer Erzählung?

P

....

3 ☐

2. Ergänze den Satz.

Die Einleitung informiert über ....

....

1 ☐

3. Sind diese Sätze richtig (r) oder falsch (f)? Markiere.

Die Erzählzeit ist in der Regel die 1. Vergangenheit. ☐
Die Planung eines Erzählkerns ist unnötig. ☐
Immer gleiche Satzanfänge machen eine Erzählung langweilig. ☐
Wörtliche Rede gehört nicht in eine Erzählung. ☐

4 ☐

4. Wohin gehören diese Sätze? Zur Einleitung (1.),
zum Hauptteil (2.) oder zum Schluss (3.)? Markiere.

Hoffentlich passiert mir das nie wieder! ☐
Gestern Nachmittag ging ich mit Jette zum Turnen. ☐
Ein Sprung, und meine Hosennaht zerriss! ☐

3 ☐

5. Wozu dient die Überschrift?

....

....

1 ☐

0 – 2 Punkte	**3 – 6 Punkte**	**7 – 9 Punkte**	**10 – 12 Punkte**	Punktzahl
Wiederhole den Stoff gründlich.	Lies noch einmal die Wissensseite.	Gut! Starte nun die Übungen.	Super! Du bist schon fit fürs G8!	☐

Die Erzählung

Übungen

1. Welche Überschrift passt zu welchem Erzählkern? Trage sie ein. Eine Überschrift bleibt übrig. Denke dir einen Erzählkern zu ihr aus und schreibe ihn auf.

Eine Geburtstagsüberraschung   **Streit im Schulbus**   **Pech gehabt!**

– Einkaufen mit Vater
– viele Leute, voller Einkaufswagen
– zwei Warteschlangen an der Kasse
– Kassiererin fällt Gurkenglas aus der Hand
– Putzerei
– Warten
– falsche Schlange erwischt

– Max und Paula auf dem Heimweg
– letzte Reihe
– Streit über besetzten Stammplatz
– alle mischen sich ein
– streiten so lange, bis Max seine Haltestelle verpasst

72

Texte schreiben

2. Sammle Stichwörter zum Erzählkern. Ordne sie den entsprechenden Kreisen zu.

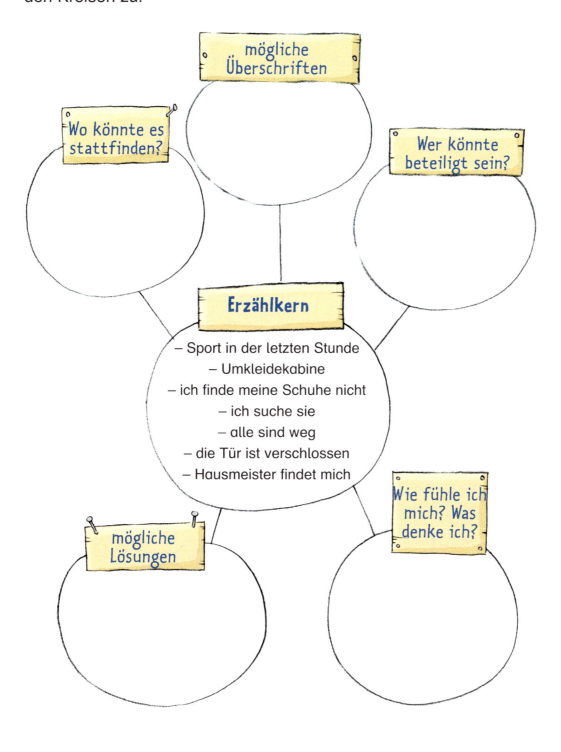

mögliche Überschriften

Wo könnte es stattfinden?

Wer könnte beteiligt sein?

Erzählkern
– Sport in der letzten Stunde
– Umkleidekabine
– ich finde meine Schuhe nicht
– ich suche sie
– alle sind weg
– die Tür ist verschlossen
– Hausmeister findet mich

mögliche Lösungen

Wie fühle ich mich? Was denke ich?

Die Erzählung

3. Welche Sätze eignen sich als Einleitung für deine „Sportgeschichte"
der vorherigen Seite? Kreuze sie an.

☐ In der letzten Sportstunde passierte mir etwas
Aufregendes.

☐ Gestern hatten wir in der letzten Stunde Sport.

☐ Als ich gestern im Umkleideraum meine Schuhe suchte,
wurde ich eingeschlossen.

☐ Sport ist mein Lieblingsfach. Besonders gern
klettere ich. Auch Ballspiele gefallen mir.

☐ Fußball ist meine liebste Sportart.

4. In die richtige Reihenfolge gebracht bilden die Sätze einen
Spannungsbogen im Hauptteil der Geschichte. Stelle den
Spannungsbogen her. Nummeriere dazu die Sätze von 1 bis 6.

☐ O je! Die Tür war abgeschlossen. Was nun?

☐ Ziemlich wütend lief ich zurück in den Umkleideraum.
Alle waren weg.

☐ Ich suchte im Papierkorb, kroch unter die Bank und lief
in den Duschraum.

☐ Hastig packte ich meinen Kram und rannte zur Tür.

☐ Dort war er! Wer hatte ihn da versteckt?

☐ Wo war mein linker Schuh?

Texte schreiben

5. Welcher Schluss rundet deine „Sportgeschichte" ab?
Kreise geeignete Schlusssätze ein.

Jens und Aysche hatten mich auf dem Heimweg vermisst. Sie holten den Hausmeister zu meiner Rettung. Ich war erlöst.

Ich bekam Angst und rief so lange und laut, bis mich jemand hörte.

Da hörte ich Stimmen und Schritte. Wer war das wohl?

Als der Hausmeister mich endlich erlöst hatte, verabredete ich mich mit Jens und Aysche zum Spielen.

6. Überlege, wie der Spannungsbogen einer gelungenen Erzählung aussieht. Kreuze r für richtig und f für falsch an.

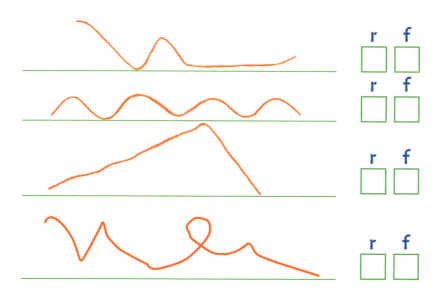

Die Erzählung

7. Ergänze die wörtliche Rede. Welche Person spricht und wie spricht sie? Denke dir Begleitsätze mit treffenden Verben aus.

„Tut mir das weh!", ...

„Das hast du gut gemacht", ...

„Wann hörst du damit endlich auf?", ...

„Igitt, was ist das denn?", ...

„Lass mich in Ruhe!", ...

8. „Und dann ..." – so fangen viele Sätze an. Wähle Satzanfänge aus, die du stattdessen verwenden kannst. Kreise sie ein.

Nun ...

Gleich darauf ...

Immer ...

Anschließend ...

Jetzt ...

Daraufhin ...

Schließlich ...

Endlich ...

Davor ...

Bevor ...

Gestern Abend ...

Plötzlich ...

Damals ...

Nach wenigen Minuten ...

Als ...

Während nämlich ...

Gleichzeitig ...

76

Elternratgeber

1 Wer lebt, lernt – immer! 2
Keine Angst vor G8 2
Zur Arbeit mit diesem Buch 3
Was Sie in diesem Ratgeber
finden 3

**2 Interessantes aus der
Lernforschung** 4
Was wir wissen und was wir
wahrnehmen 4
Aktives Lernen erleichtert
das Behalten 6
Emotionen beeinflussen
unser Lernen 7

**3 Wie Sie Ihr Kind beim
Lernen unterstützen können** 8
Das Lernen soll in erster Linie
Freude machen 9

Ein positives Selbstbild fördern 11
Die Lernorganisation fördern 16
Hilfe zur Selbsthilfe anbieten 17

**4 Was tun bei Lernschwierig-
keiten** 18
Fördern und Fordern 19
Mit der Schule zusammen-
arbeiten 20

**5 Welche weiterführende
Schule passt zu meinem
Kind** 21
Tipps für den Schulwechsel 22
Fragen an die weiterführende
Schule 23

**6 Was Ihr Kind in Deutsch für
die 5. Klasse können sollte** 26

Lösungen

Grammatik 28

Rechtschreiben 33

Texte schreiben 39

Lesen 44

1

1 Wer lebt, lernt – immer!

Kommen Ihnen auch manchmal Zweifel, ob Ihr Kind „richtig lernt", wenn Sie abends einen Blick auf seine Schularbeiten werfen? Machen Sie sich Gedanken darüber, ob es für den „Sprung" auf die weiterführende Schule gewappnet ist? Das Wissen, das Ihr Kind im Laufe der Grundschule erworben hat, soll es nicht nur für die weitere Schullaufbahn rüsten, sondern auch für ein „Leben danach", für ein Leben in unserer ständig wachsenden Wissensgesellschaft. Sich verändernde Ansprüche von Ausbildung, Beruf und Gesellschaft verlangen lernbereite und lernbefähigte Menschen, die sich selbstständig und ihrem Gewissen folgend verantwortlich in unserer Welt orientieren. Diese Fähigkeiten entwickeln sich nicht nebenbei mit zunehmendem Alter oder durch Reifung, sie müssen unterstützt und gefördert werden. Oftmals gilt dies auch gerade für Kinder mit guten schulischen Leistungen, weil diese das Grundschulwissen problemlos aufnehmen und behalten können. Erst mit den komplexeren Inhalten in der Sekundarstufe werden dann die fehlenden Lernstrategien augenfällig.

Keine Angst vor G8

Spätestens seit Begrenzung der gymnasialen Schulzeit auf 8 statt 9 Jahre haben viele Eltern erkannt, dass ihr Kind mit dem Übergang in die Sekundarstufe I nicht nur einem sozialen Veränderungsprozess (durch das neue Umfeld, neue Lehrer und Mitschüler) ausgesetzt ist. Einschneidend ist auch die schrittweise Erhöhung der Leistungsanforderungen und des Arbeitstempos auf der weiterführenden Schule, auf die sich das Kind zunächst einstellen muss. Das spielerische, „kindgerechte" Arbeiten steht nicht mehr so stark im Fokus, wie es bisher an der Grundschule der Fall war.

Für Ihr Kind kann diese neue Situation eine Verunsicherung bedeuten. Dies ist grundsätzlich normal und muss kein Grund zur Sorge sein. Dieses Buch soll Ihnen Sicherheit darüber geben, was von Ihrem Kind auf dem Weg in die Sekundarstufe I erwartet wird und wie Sie es dabei begleiten und unterstützen können.

Elternratgeber

Zur Arbeit mit diesem Buch

In diesem Buch wird Ihr Kind an die Anforderungen der Sekundarstufe I herangeführt, indem es zunächst den relevanten Grundschulstoff wiederholt und übt. In einem zweiten Schritt erfolgt dann der Ausblick auf den Stoff, der sich in der 5. Klasse an das bereits Gelernte anschließen wird. Die Tests dienen einer Verbesserung der Selbsteinschätzung – was kann ich gut, was muss ich noch üben?

In diesem Prozess helfen Sie Ihrem Kind mehr, wenn Sie ihm nicht (vor)sagen, was richtig und falsch ist, sondern es selbst experimentieren lassen. Ermuntern Sie es, das Buch regelmäßig zu benutzen und dabei jeweils nur kleine Einheiten zu bearbeiten. Hat Ihr Kind Schwierigkeiten mit einem Abschnitt, so bestärken Sie es, diesen Abschnitt zurückzustellen und zunächst einen anderen zu bearbeiten. Besonders schwer fällt Grundschülern erfahrungsgemäß die Anwendung auf ihre konkrete Lernsituation: Welche Lernstrategie ist passend für mein aktuelles Lernproblem? Daher ist eine einfühlsame Begleitung und Beratung förderlich und notwendig, damit sich nützliche, einsichtige und bewährte Lernstrategien auch festigen können.

Ihre vorrangige Hilfestellung als Eltern besteht also darin, dem Kind das optimale Werkzeug an die Hand zu geben, damit es zunehmend eigenständig und effizient Neues lernen und mit bereits Bekanntem verknüpfen kann.

Was Sie in diesem Ratgeber finden

Auf den folgenden Seiten finden Sie nicht nur eine ausführliche Checkliste für die Wahl der weiterführenden Schule Ihres Kindes, sondern auch grundsätzliche, hilfreiche Tipps zur Förderung der Neugierde und Lust am Lernen. Dazu überleitend haben wir einige Informationen aus der Lernforschung zusammengestellt, die den Blick für die Besonderheiten Ihres Kindes schärfen können. Welche Schlüsse Sie daraus ziehen, welche Hinweise sich daraus für das Lernen Ihres Kindes ergeben, das müssen Sie mit Ihrem Kind gemeinsam entscheiden, denn es gibt keine „optimalen" Lerntechniken, höchstens günstige oder weniger günstige. Niemand kann sagen, was für Sie und Ihr Kind „optimal" ist, weder ein Lehrer noch sonst ein Erziehungsexperte.

Die Expertin/der Experte für die Erziehung Ihres Kindes sind Sie, denn niemand kennt Ihr Kind so gut wie Sie. Welche Hinweise Ihnen und Ihrem Kind weiterhelfen, können und müssen Sie daher mit ihm gemeinsam erproben und entscheiden. Nur was sich bewährt, soll Eingang in den Schul- und Familienalltag finden. Hilfreich ist es, sich die eigenen Beobachtungen, Erfahrungen und Ideen, aber auch die kleinen lustigen Geschichten aus dem Alltag in einem kleinen Heft zu notieren, immer wieder darin nachzuschlagen, Korrekturen und Ergänzungen vorzunehmen. So kann neben der Lektüre dieses Buches auch ein persönliches Lerntagebuch mit schönen Erinnerungen für Ihr Kind entstehen.

2 Interessantes aus der Lernforschung

In der Lernforschung gibt es zahlreiche Theorien und Untersuchungen zum menschlichen Lernen. Wenngleich darüber noch lange kein vollständiges Bild vorliegt, gibt es doch bestimmte Erkenntnisse, die uns helfen können, unser Lernen besser zu verstehen und erfolgreicher zu organisieren. Einige Erkenntnisse sollen hier zusammengefasst werden.

Was wir wissen und was wir wahrnehmen

Stellen Sie sich vor: Sie sitzen in einem gut besuchten Vortragssaal und ein bekannter Schriftsteller trägt ein Gedicht vor. Beim Hinausgehen sagen Sie zu Ihrem Nachbarn: „War das interessant!" Er antwortet: „So? Ich fand das Gedicht eher nichtssagend!" Jeder Mensch in diesem Vortragssaal behält diesen Abend anders im Gedächtnis, obwohl doch alle dasselbe erlebt haben.

Während des Vortrages hören Sie z. B. auch das Atmen Ihres Nachbarn, das Rascheln von Papier oder Sie sehen das Wasserglas auf dem Pult des Vortragenden. Das meiste davon kommt gar nicht in Ihr Bewusstsein oder Sie vergessen es gleich wieder. An den Inhalt des Gedichts, Ihre Gedanken dazu, erinnern Sie sich wahrscheinlich auch noch am nächsten Tag, vielleicht sogar in der nächsten Woche. Wie selbstverständlich filtert unser Gehirn die vielen

Elternratgeber

ankommenden Sinnesreize, indem es seine Wahrnehmung allein auf den Vortrag lenkt und alles Störende ausblendet. Die Wahrnehmung ist also kein passiver, sondern ein aktiver Vorgang. Darüber hinaus bedeuten die Inhalte des Vortrages für jeden Zuhörer etwas anderes. Jeder Mensch hat „seine eigene Welt im Kopf" (Paul Watzlawick), die bestimmt, was er wahrnimmt, was er aufnimmt, was er behält und wie sich dadurch sein Wissen vergrößert. Weil sich Menschen in ihrer Weltsicht, ihren Interessen und Wünschen unterscheiden, verstehen sie den Vortrag auch verschieden. Es ließe sich demnach wunderbar darüber streiten, ob er eher „interessant" oder „nichtssagend" war, denn dieses Urteil ist in großen Teilen von den Erwartungen und dem Vorwissen des Zuhörers abhängig.

Dieselbe Schlussfolgerung gilt für die Qualität eines „guten" Unterrichts oder einer

Chunking

Unzusammenhängende Informationen können mit Sinn versehen und damit zu höherwertigen, intelligenteren Informationen zusammengefasst werden. Der amerikanische Psychologe George Miller bezeichnet eine dieser bedeutungstragenden Informationseinheiten als Chunk. Ein Chunk kann entstehen u. a. durch

- Koordination (Verbinden von inhaltlich unverbunden Informationen, z. B. von Kreide und Schwamm);
- Reduktion (Vernachlässigen von einzelnen Informationen, z. B. denke ich an Schlüssel, dann auch an Schloss);
- Abstraktion (Verallgemeinerung der Informationen zu einem Begriff, z. B. Arme, Beine, Rumpf, Kopf zu Körper).

Dazu muss jedoch der Lernstoff in einem Netz von vorhandenen Informationen verarbeitet werden.

„guten" Nachhilfestunde: Wie verständlich sie ist, kann nur entscheiden, wer es verstehen soll, und zum Verstehen ist eine Verbindung zu bereits vorhandenen Gedächtnisinhalten erforderlich. „Man versteht das Neue nur, indem man es mit Altem assoziiert" (George Polya, Mathematiker). Dazulernen kann man nur, wenn das Neue in irgendeiner Weise an vorhandenes Wissen anknüpft. Lernen ist also immer nur Weiterlernen, jede Einsicht nur vorläufig. Daher gilt: Je weniger ein Inhalt in Verbindung zu bisherigen Erfahrungen und vorhandenem Vorwissen steht, umso schwieriger ist es, sich ihn einzuprägen. Und umgekehrt: Je intensiver die Beschäftigung mit dem Lerngegenstand und je höher die Verbindung mit Bekanntem, umso leichter fällt das Lernen. Lernstoff wird – vereinfacht gesagt – umso sicherer gelernt, je stabiler die Verbindungen zwischen Nervenzellen im Gehirn hergestellt werden.

Dazu braucht es Zeit, damit der Erregungsimpuls zwischen den Synapsen kreisen und sich chemisch stabilisieren kann. Mit anderen Worten: Wiederholungen von Lernstoff sind notwendig und sinnvoll. Üblicherweise werden

2 Interessantes aus der Lernforschung

dazu in der Schule Übungen gemacht und Inhalte durch Hausaufgaben vertieft. Besonders wichtig ist auch das Gespräch, denn die Versprachlichung des Gelernten stellt andere Anforderungen als die Anwendung in Übungen. Eigene Deutungen des Inhalts, Ideen und Meinungen können nur im Dialog bestätigt bzw. widerlegt werden. Daher ist es wichtig, Kindern das Lernen mit anderen zu ermöglichen und sie zum Sprechen über Lerninhalte anzuregen.

Wiederholung und Anwendung sind für die Stabilisierung von Wissen wichtig. Überlegen Sie selbst: Wie könnten Sie mit Ihrem Kind Inhalte möglichst „nebenbei" üben (z. B. beim Spazierengehen, Autofahren, Spülen)?

Aktives Lernen erleichtert das Behalten

Viele Schüler machen – freiwillig oder unfreiwillig – nur wenig Gebrauch von den zahlreichen Möglichkeiten, einen Lerngegenstand aktiv durchzuarbeiten. In der Schule hören sie meistens nur zu oder schreiben ab, zu Hause lesen sie sich die Inhalte durch. Dabei könnten sie den Lernstoff auf viele Weise „sichtbar", „hörbar", „begreifbar" – mit einem Wort: „erfahrbar" machen und sich damit das Lernen erleichtern. Gehirnphysiologisch ist dies auch durch die Funktionsweise unserer Gehirnhälften zu erklären, die Informationen unterschiedlich auffassen und verarbeiten. Die linke Hälfte speichert eher Wörter und logische Beziehungen, die rechte eher Bilder, Bewegungen und Erlebnisse. Wenn beide Gehirnhälften am Lernprozess beteiligt sind, werden Inhalte stabiler behalten und können leichter abgerufen werden.

Das kann heißen: Ein Gedicht, das man auswendig lernen möchte, sollte man sich nicht nur fünfmal vorlesen. Kreatives Wiederholen kann auch so aussehen: zu jeder Strophe ein Bild malen, den Text durch Bewegungen begleiten, Hintergrundinformationen recherchieren, Reimwörter lernen, den Text auf eine bekannte Melodie singen oder den Inhalt nachspielen.

Außerdem gibt es viele alltägliche Situationen, an die Sie Lerninhalte des Kindes anknüpfen können. Wenn Sie Kuchen backen, bitten Sie Ihr Kind, das Rezept vorzulesen – Sie haben schließlich keine Hand frei. Schreiben Sie gemeinsam einen Brief an die Großeltern. Lassen Sie Ihr Kind einschätzen, wie viel Geld Sie für den Einkauf von Lebensmitteln benötigen.

Wie können Sie mit Ihrem Kind einen aktuellen Lerninhalt aktiv durcharbeiten? Überlegen Sie gemeinsam mit Ihrem Kind.

Elternratgeber

Emotionen beeinflussen unser Lernen

Wir wissen aus eigener Erfahrung, dass Körper und Geist aufeinander reagieren: Nach dem Essen, bei körperlicher Erschöpfung oder Fieber ist konzentriertes Arbeiten praktisch unmöglich. Zu bestimmten Tageszeiten, bei guter Stimmung und in gelöster Atmosphäre hingegen fällt es uns viel leichter. Unter welchen Umständen wir etwas lernen, hat also direkten Einfluss darauf, ob und wie wir es uns merken können.

Oft assoziieren wir mit einem Inhalt auch noch die Situation, in der wir ihn gelernt haben. Eindrücke und Ereignisse, die miteinander auftreten, werden in der Erinnerung verbunden, d. h., die Emotionen, Situationen und Personen werden zusammen mit den erworbenen Inhalten im Gedächtnis gespeichert.

Viele fachliche Vorlieben und Abneigungen sind dadurch begründet: Den Ärger über einen Misserfolg, einen ungerechten Lehrer oder eine schlechte Bewertung übertragen Schüler auf ganze Wissensgebiete. Auch wenn der ursprüngliche Anlass längst vergessen ist, bleibt die erworbene Abneigung erhalten und beeinflusst das weitere Lernen. Enorme Lernanstrengungen führen nicht zum Erfolg, weil die Abwehrhaltung das Aufnahmevermögen blockiert.

Falls Ihr Kind aufgrund einer negativen Grundeinstellung beim Lernen unter starker Anspannung leidet, sollten Sie zunächst eine Lösung des zugrunde liegenden Problems anstreben. Ist dies nicht möglich, können kindgerechte Entspannungstechniken wie z. B. regelmäßig geübte Fantasiereisen eine Verbesserung bewirken.

Umgekehrt werden mit positiven Erfahrungen verknüpfte Informationen besser verstanden, verarbeitet und im Gedächtnis verankert. Blockaden, die durch negative Erfahrungen verursacht wurden, lassen sich durch Erfahrungen in positiven Lernsituationen in Freude, Interesse und Vertrauen verwandeln (dies nutzt z. B. die Suggestopädie, eine Lernmethode für Fremdsprachen, die sich kreativ-spielerische Elemente zunutze macht).

■ Haben Sie den Eindruck, dass Ihr Kind vor einem bestimmten Fach oder einem bestimmten Lehrer besondere Angst hat? Mit wem könnten Sie darüber sprechen? Bei welcher Gelegenheit?

■ Wie können Sie fördern, dass Lerninhalte mit einer gefühlsmäßig positiven Assoziation verbunden werden? Wie können Sie auf die Lernatmosphäre Ihres Kindes positiv einwirken?

3 Wie Sie Ihr Kind beim Lernen unterstützen können

Niemand sieht Kinder gerne mit Schwierigkeiten kämpfen, also liegt die Frage nahe, wie ihnen der schulische Alltag erleichtert werden kann. Aber: Eltern können ihrem Kind das Lernen nicht abnehmen, auch wenn sie noch so viele Stunden neben ihm sitzen. „Beibringen", „einpflanzen" oder „eintrichtern", auch wenn noch so gut gemeint, ist nur in sehr begrenztem Maße möglich. „Für" Ihr Kind können Sie nicht lernen, „mit" ihm nur sehr bedingt. Ihr Kind bestimmt selbst (oft unbewusst), was es lernt und wie es Neues in sein vorhandenes Wissen integriert. Das Lernen kann ihm niemand abnehmen, es muss es allein schaffen und dabei lassen sich Schwierigkeiten nicht vermeiden. Das ist eine wichtige Erkenntnis der Lernforschung.

Kinder kommen im Laufe ihrer Schulzeit mit verschiedenen Lernmethoden in Berührung, erproben und nutzen sie für ihr Lernen. Wenn sie in diesem Prozess alleingelassen werden, können sich langfristig ungünstige Lernstrategien festigen und späteres Lernen behindern. Umgekehrt wird das Lernen unnötig erschwert, wenn Erfolg versprechende, das Lernen erleichternde Strategien nur zufällig oder eher beiläufig erworben werden.

Gibt es Lernprobleme, so wissen sich Eltern oft nicht anders zu helfen, als die Rolle des Hilfslehrers zu übernehmen. Diese können Eltern jedoch oft nur sehr unbefriedigend erfüllen, da sie durch ihre persönliche Bindung emotional sehr stark am Lernerfolg der Kinder teilhaben. Je stärker sie sich engagieren, umso höher ist auch ihre Erwartung an das Kind. Entmutigende Ergebnisse können ganze Familien belasten, weil das Kind die Erwartungen nicht erfüllt, die in es gesetzt wurden. Nicht selten enden solche Maßnahmen mit Tränen auf beiden Seiten. Der Lernerfolg eines Kindes lässt sich demnach nur indirekt beeinflussen: beratend, unterstützend, begleitend. Eltern können es fördern, indem sie:

- seine Freude am Lernen erhalten;
- ein positives Selbstbild fördern;
- es bei der Optimierung seiner Lernorganisation unterstützen;
- ihm Hilfe zur Selbsthilfe an die Hand geben.

Elternratgeber

Das Lernen soll in erster Linie Freude machen

Johanna stöhnt genervt: „Immer nur lernen, lernen, lernen. Das macht keinen Spaß. So viele Hausaufgaben! Und dann auch noch die Deutscharbeit morgen! Ich habe einfach keine Lust! Soll doch lernen, wer will, ich bin morgen krank! Basta!"

Johannas Mutter weiß nun Bescheid über den Gemütszustand ihrer Tochter. Wie soll sie damit umgehen? „Setz dich jetzt an deinen Schreibtisch und fang an. Wenn du heute Abend nicht fertig bist, gehen wir nicht ins Kino!" Oh je, vielleicht wird sie dann noch bockiger. „Komm, lass uns gemeinsam anfangen." Aber erst gestern hatten sie darüber gesprochen, dass Johanna selbstständiger lernen soll. Als Lernen noch nicht mit Anstrengung, Zwang und Bewertung verbunden war, hatte Johanna einen unstillbaren Wissensdurst, sie lernte mit viel Freude und freiwillig. Der große Lerneifer hörte plötzlich auf, als sie aufgrund von Notendruck plötzlich lernen musste; Johanna zeigte Trotz und Verweigerung.

Bereitschaft zum Lernen? Lust am Lernen? Das Problem scheint weniger zu sein, dass Schüler den Stoff nicht lernen können, sondern dass sie ihn nicht lernen wollen. Dabei ist die Lernmotivation wesentlicher Dreh- und Angelpunkt für erfolgreiches Lernen innerhalb und außerhalb der Schule. Ein Kind nimmt nur das wahr, was es wahrnehmen will, und es lernt nur das, was es auch lernen will. Wie können Eltern die Lernmotivation ihrer Kinder steigern? Sollen sie sich wenig um schulische Angelegenheiten kümmern, damit ihr Kind eigenständig arbeiten lernt und die Konsequenzen seines Handelns erfährt? Oder sollen sie das Lernen ihres Kindes möglichst umfassend kontrollieren, damit es in der Schule „mitkommt"? Verschiedene psychologische Untersuchungen belegen die Wirksamkeit der auf den folgenden Seiten aufgeführten drei Faktoren.

> Lob und Anerkennung fördern das Selbstbewusstsein Ihres Kindes und motivieren es langfristig. Mit Belohnungen in Form von konkreten Zuwendungen sollte hingegen eher vorsichtig umgegangen werden, denn sie führen nicht auf längere Zeit zu einer positiven Selbsteinschätzung.

3 Wie Sie Ihr Kind beim Lernen unterstützen können

1. Erfahrung von Kompetenz ermöglichen

Das Lernen wird von Kindern nur dann als anregend und befriedigend empfunden, wenn neue Fähigkeiten spürbar erworben bzw. verbessert werden, wenn also das Lernen erfolgreich ist. Nichts ist deprimierender, als nach stundenlanger Anstrengung festzustellen, dass die Mühen vergeblich waren und das Ergebnis nicht den Erwartungen entspricht.

Eltern können ihren Kindern klare Rückmeldungen über deren Lernzuwachs geben und den Nachwuchs für gute Leistungen loben. Sie können ihnen auch die Gelegenheit geben, ihr erworbenes Wissen in den Familienalltag einzubringen.

- Was hat Ihr Kind in den letzten Tagen gut gemacht (in der Familie, in der Schule, in der Freizeit)? Wo hatte es Erfolge? Wie könnten Sie Ihrem Kind zu verstehen geben, dass Sie diese Leistungen schätzen?
- Wie können Sie Ihrem Kind die Nutzbarkeit und Anwendbarkeit seines erworbenen Wissens aufzeigen? (Beispiel: In den Ferien, wo das Planen von Ausflügen ein willkommener Anlass zur Beschäftigung mit der Landeskunde, Geschichte oder Sprache des Urlaubslandes sein könnte.)

Bei der notwendigen Anerkennung der Stärken Ihres Kindes dürfen jedoch auch seine Schwächen nicht übersehen werden. Sie gehören ebenfalls zu einer realistischen Selbsteinschätzung. Erst wenn dies akzeptiert wurde, können auch notwendige Fördermaßnahmen angebahnt werden.

2. Autonomie ermöglichen

Eltern können ihren Kindern, wo immer sinnvoll und dem Alter angemessen, Wahlmöglichkeiten anbieten und damit die Eigeninitiative ihres Kindes fördern. Das könnte heißen: Johanna entscheidet selbst, in welcher Reihenfolge sie ihre Hausaufgaben erledigt und wann sie Hilfe in Anspruch nehmen will, Benedikt bestimmt, wann er was für die Klassenarbeit lernt. Wesentlich dabei ist, dass den Kindern Ziele und Anforderungen klar sind und ihre Fähigkeiten ausreichen, um sie zu erreichen.

- Welche Entscheidungsspielräume nutzt Ihr Kind? Sehen Sie Möglichkeiten, seine Eigeninitiative weiter zu fördern und ihm zusätzliche Wahl- und Entscheidungsfreiheiten zu geben?
- Wo braucht Ihr Kind Hilfe? In welcher Form?

Elternratgeber

3. Wertschätzung und Wärme zeigen

Eltern können ihrem Kind das Gefühl von Wertschätzung und Bindung vermitteln, wenn sie Interesse an ihm zeigen: an seinen alltäglichen Aktivitäten innerhalb und außerhalb der Schule, seinen Freunden, seinen persönlichen Überlegungen und seiner besonderen Form der (auch durch die Schule angeregten) Welterkenntnis. Dies ist möglich in einer familiären Atmosphäre, die von Anerkennung und emotionaler Wärme geprägt ist. Dazu gehört auch, dass sich Eltern offen und fair mit ihren Kindern über strittige Standpunkte auseinandersetzen, ihre Ansicht vertreten und möglichst einsichtig begründen. Besonders wichtig ist Ihrem Kind zunehmend die Anerkennung durch Gleichaltrige, und das wird sich in den nächsten Jahren weiter verstärken. Damit es seine Interessen selbstbewusst verfolgt, ist es wichtig, ihm frühzeitig den Rücken zu stärken und ihm Kontakte zu Kindern mit gleichen Neigungen zu ermöglichen. Dazu können außerschulische Institutionen hilfreich sein: Musikschulen, Sportvereine und Museen mit ihren museumspädagogischen Programmen bieten Ihrem Kind zahlreiche Möglichkeiten und Gelegenheiten, ein interessantes Hobby zu finden. Kontaktadressen finden Sie im Internet oder bei Elternverbänden.

- Wie können Sie Ihrem Kind zeigen, dass Sie an seinem Leben interessiert sind, dass es ein wichtiger Teil Ihrer Familie ist?
- Was mag Ihr Kind besonders, was interessiert es? Wie könnten Sie sein Engagement fördern, welche Aktivitäten können Sie mit ihm unternehmen?

Ein positives Selbstbild fördern

Kinder, die stets Angst vor Misserfolgen haben, stellen sich weniger mutig neuen Herausforderungen, entwickeln vorsichtiger Interesse an Neuem und zeigen oft auch eine geringere Lernmotivation.

Wichtig ist es, dem Kind Auswege aus der Angst zu zeigen, das heißt vor allem:

- den Blick auf die Stärken des Kindes richten;
- Lernerfolge ermöglichen;
- Lernerfolge auf eigene Fähigkeiten zurückführen.

3 Wie Sie Ihr Kind beim Lernen unterstützen können

Den Blick auf die Stärken des Kindes richten

Merals Ergebnis bei der letzten Deutscharbeit war ziemlich schlecht und bestätigt sie darin, dass sie Deutsch einfach nicht kann. „Ich bin eben schlecht. Ich kann es nicht und werde es auch niemals lernen!" Aus einer schlechten Note in einem Diktat wird „Ich kann eben kein Deutsch!", daraus „Ich kann überhaupt nichts!". Und schließlich treten Entmutigung, Lernunlust und Trotz ein: „Warum soll ich mich überhaupt noch anstrengen?" Für die nächste Deutscharbeit lernt Meral nur das Nötigste und mit Widerwillen, ist entsprechend schlecht vorbereitet und nervös. Das Ergebnis fällt erwartungsgemäß schlecht aus und bestätigt Meral. Kein guter Kreislauf! Auch Eltern und Lehrern passiert es oft, dass sie ihre Aufmerksamkeit nur auf Schwierigkeiten, schlechte Noten und Niederlagen der Kinder richten: den täglichen Ärger mit den Hausaufgaben, die schlechte Klassenarbeit, die Probleme mit der mündlichen Beteiligung ... Die guten Fähigkeiten,

Jeder hat einen Bereich, in dem er mit Freude arbeitet und erfolgreich ist. Dieser Bereich kann auch außerschulisch sein, z. B. beim Sport. Durch diesen Erfolg erfährt Ihr Kind, dass es etwas kann, und überträgt diese Erfahrung auch auf andere Bereiche. So wird sein positives Selbstbild gefördert und es traut sich auch an weitere Lernaufgaben.

Stärken und Erfolge der Kinder geraten dabei leicht in den Hintergrund. Dabei kann Meral eine ganze Menge: Sie kann Lieder auf ihrer Blockflöte spielen, hat in der 4. Klasse schon das silberne Schwimmabzeichen gemacht und in Mathematik ist sie auch nicht schlecht. Auch in Deutsch kann sie mitnichten „überhaupt nichts": Ihre Geschichten sind z. B. sehr spannend, sie liest fesselnd vor und hat eine ordentliche Handschrift. Noten in der Schule messen nur bestimmte Leistungen, die die unterschiedlichen Fähigkeiten von Kindern nur bedingt widerspiegeln. Daher sollten Eltern schulische Erfolge zwar wichtig und ernst nehmen, ihre Kinder aber nicht ausschließlich daran messen: Klassenarbeiten etwa sind nicht nur Leistungs- und Vergleichsbarometer, sondern auch Dokumentation und Information über erworbenes Wissen. Klassenarbeiten zeigen auch, was Ihr Kind schon alles gelernt hat, nicht nur, wie die rote Farbe hervorhebt, was es nicht kann. Ein selbstbewusster Schüler lernt gern, weil er zuvor schon weiß, dass er erfolgreich sein wird.

- Welche guten Fähigkeiten hat Ihr Kind? Schreiben Sie alles auf, was Ihnen einfällt. Denken Sie daran, wie Sie Ihr Kind erleben: in der Familie, mit seinen Freundinnen oder Freunden, bei seinen Hobbys (Kunst, Musik,

12

Elternratgeber

Sport), in der Freizeit, im gemeinsamen Urlaub, bei ehrenamtlicher Arbeit, in der Schule. Geben Sie sich nicht zu schnell zufrieden, Sie finden bestimmt leicht 50 Punkte!

■ Wie können Sie die Selbstsicherheit Ihres Kindes fördern, seinen Blick auf die Stärken richten? Welche Schwächen hat Ihr Kind, unter denen es leidet? Wie können Sie ihm helfen, diese Schwächen anzunehmen?

Lernerfolge ermöglichen

„Mathe macht Spaß!" Meral legt ihre Mathesachen überhaupt nicht mehr zur Seite. „Schau mal, ich habe schon zwei Seiten gerechnet!" Ihr Vater schüttelt überrascht den Kopf. Erst vergangene Woche hatte sie ihm erklärt, dass sie niemals mehr freiwillig eine Rechenaufgabe in ihren Kopf hineinlassen könnte, und jetzt das? Wer soll das verstehen? Meral ist begeistert von den Aufgaben, denn sie hat mit viel Mühe herausgefunden, wie sie „funktionieren". Sie hat begriffen, war erfolgreich und dies ist für sie die größte Belohnung ihrer Mühe. Motivation fürs Lernen wird am stärksten und nachhaltigsten erhalten, wenn es erfolgreich ist, d. h. die Erfahrung des Verstehens ermöglicht und zum „fruchtbaren Moment" der Begegnung mit dem Lernstoff verhilft.

Kinder, die das Lustgefühl, das mit einem Erfolg verbunden ist, empfunden haben, wollen diese positive Empfindung möglichst bald und oft wiederholen. Erfolg ist sein eigener Motor, aber auch sein eigenes Ziel.

Im günstigsten Fall kann ein Erfolg folgenden positiven Kreislauf bewirken: Der Lernerfolg stärkt Selbstbewusstsein und Selbstwertgefühl des Kindes und damit seine Identifikation mit dem Sachgebiet und seine Wissbegierde. Das Interesse fördert die Bereitschaft, sich weiter mit dem Sachgebiet zu beschäftigen. Je intensiver die Beschäftigung mit der Sache ist, umso größer wird die Wahrscheinlichkeit eines erneuten Erfolges.

Bleibt trotz intensiver Arbeit der Erfolg aus, kann sich dieser positive Kreislauf umkehren: Der eigene Misserfolg wird mit dem Fach assoziiert, Frustration, Entmutigung, geringes Selbstwertgefühl münden in geringe Lernmotivation und geringes Interesse. Lernen fällt deutlich schwerer und der nächste Lernerfolg ist schwieriger zu erreichen. Im schlimmsten Fall mündet das in Resignation: Die Schule ist schlecht, ich bin schlecht.

Eltern und Schule spielen bei der Entwicklung von Lernmotivation eine wichtige Rolle. Sie können Kinder z. B. durch Fragen anregen, sie zu eigenen Entdeckungen ermutigen, ihre Aufmerksamkeit lenken und Erfahrungen

3 Wie Sie Ihr Kind beim Lernen unterstützen können

strukturieren. Sie haben eine wichtige Funktion auch darin, Lernaufgaben so einzugrenzen und auszuwählen, dass die Kinder bei ihrer Bearbeitung Aussicht auf Erfolg haben bzw. die Aufgaben selbstständig weiter eingrenzen können. Auch Rückschläge sollten nicht dazu führen, dass Lernen mit Verkrampfung und Ärger erfolgt. Daher sollten die Lerneinheiten nach der Konzentrationsfähigkeit Ihres Kindes bemessen sein, damit Spaß und Freude erhalten bleiben.

Eltern können ihren Kindern jedoch nicht die Anstrengung abnehmen, die vor dem Erfolg steht. „Wer ins Schlaraffenland möchte, der muss sich durch einen Zuckerberg fressen!" Die Mühen, das Ringen um rechtes Verstehen, die Enttäuschung über Fehler gehören zum Lernen dazu. Viele Eltern zeigen ihre Freude über einen guten Lernerfolg durch besondere materielle Anerkennung. Dies hat oft gegenteilige Effekte, denn das Kind lernt fortan nicht mehr aus Interesse und der Faszination am Inhalt, sondern um Geld für gute Noten zu erhalten. Positiv wirken angemessenes Lob, gerechter Tadel und motivierende Kritik, negativ dagegen verletzender Tadel, bei dem das Kind das Gefühl hat, das Vertrauen wird ihm grundsätzlich entzogen („Du kannst ja überhaupt nichts!"), aber auch übertriebenes Lob, das wie Ironie wirkt.

■ Wie oft und zu welchen Anlässen loben Sie Ihr Kind? Wie oft und zu welchen Anlässen tadeln Sie es?

Lernerfolge auf eigene Fähigkeiten zurückführen

Johanna schreibt ihre Erfolge immer ihren eigenen Fähigkeiten und Anstrengungen zu, ihre Misserfolge führt sie auf Pech und unfaire Prüfungen zurück. Benedikt hingegen macht es genau umgekehrt: Seine Erfolge, glaubt er, sind Ergebnis von glücklichen Umständen oder zu leichten Aufgaben, die Misserfolge leitet er von seinen eigenen mangelnden Fähigkeiten ab. Wie unterscheiden sich Johanna und Benedikt bei Klassenarbeiten? Johanna bearbeitet selbstbewusst die Aufgaben, denn sie weiß, dass sie mit ihren Fähigkeiten ein gutes Ergebnis erzielen kann. Benedikt hingegen ist unsicher: Sein Erfolg ist abhängig von seinem Glück und den leichten Aufgaben, also nur „zufällig"; seinen Fähigkeiten zufolge müsste er seinem Eindruck nach nur schlechte Ergebnisse erzielen.

Die Überzeugungen, warum wir erfolgreich sind oder waren, sind wichtig. Sie führen:

Elternratgeber

- zu unterschiedlicher Interpretation vergangener Leistungen und damit unterschiedlicher Ausprägung unseres Selbstwertgefühls;
- zu unterschiedlichen Emotionen und Anstrengungen in der gegenwärtigen Situation;
- zu unterschiedlicher Lernmotivation in der Zukunft, denn die Beeinflussbarkeit des Ergebnisses erscheint unterschiedlich hoch.

Die Deutung unserer Erfahrung hat auf unsere Wahrnehmung, unser Selbstbild und unsere Einstellung gegenüber dem Lernen großen Einfluss. Allein durch Veränderung der Erklärung für vergangene Misserfolge können Kinder zu höherer Leistung motiviert werden: Wenn sie ihre Misserfolge nicht auf mangelnde Fähigkeiten, sondern auf mangelnde Anstrengung zurückführen, erhöhen sie bei den folgenden Aufgaben ihren Arbeitsaufwand und haben größeren Erfolg. Die Art und Weise, wie wir Ereignisse in unserem Leben erklären, kann ein Leben lang beibehalten werden und sich auf das Selbstbild auswirken: Pessimisten führen ihre Schwierigkeiten eher auf ihre persönlichen Eigenschaften zurück, Optimisten eher auf zufällige, ungünstige, von ihrer Person unabhängige Faktoren.

Leben Sie in dieser Hinsicht Ihrem Kind vor, was Sie ihm zeigen möchten. Kinder beobachten sehr genau, wie Erwachsene handeln und sprechen. Wenn Sie selbst bei eigenen Rückschlägen zu Selbstzweifeln neigen, wird Ihr Kind diese Sichtweise auch eher für sich annehmen. Positiv gesprochen können Sie in Ihrer Familie ein Klima schaffen, in dem selbst erzielte Erfolge eine nicht übertriebene, aber angemessene Anerkennung finden. Ihr Kind hat ein Recht darauf, stolz zu sein.

> Bleiben Sie in Bezug auf die Leistungen Ihres Kindes möglichst authentisch und objektiv. Auch ein Zuviel an Lob kann Leistungsdruck verursachen, weil Ihr Kind evtl. aus Ihrem Verhalten ableitet, dass es bei Misserfolgen weniger Zuwendung erfahren wird. Machen Sie Ihrem Kind stets deutlich, dass Sie es lieb haben – egal, ob es gute oder schlechte schulische Leistungen erbringt. Damit fördern Sie eine angstfreie Lernatmosphäre.

- Wie können Sie Ihrem Kind den Zusammenhang zwischen seinem Handeln und dem Resultat verdeutlichen? Bezogen auf schulisches Lernen: Wie können Sie Ihrem Kind den Zusammenhang zwischen seiner Vorbereitung und seinem Erfolg bei Klassenarbeiten veranschaulichen?
- Häufig benutzen Eltern oberflächlich freundliche Sätze als Lob, die jedoch ganz anders ankommen können, wie z. B.: „Endlich hast du auch

3 Wie Sie Ihr Kind beim Lernen unterstützen können

mal Glück gehabt." Damit unterstellen Sie genau das, was Sie vermeiden wollen: dass Ihr Kind die gute Note nicht aufgrund seiner guten Leistung, sondern lediglich durch die Umstände erlangt hat. Sagen Sie stattdessen: „Mit deinen fleißigen Vorbereitungen hast du dir den Erfolg verdient!"

Die Lernorganisation fördern

Die äußeren Bedingungen, unter denen Arbeit stattfindet, haben großen Einfluss auf das Gelingen. Manchmal reichen schon kleine Änderungen an Ort, Platz, Zeit und Material, um Lernen wirksamer und effektiver zu gestalten. Oft ist es hilfreich, wenn Eltern dabei ihre Kinder unterstützen:

- Sie können mit Ihrem Kind Zeiten vereinbaren, an denen die Hausaufgaben regelmäßig erledigt werden. Verabredungen mit Freunden, Sportveranstaltungen am Nachmittag, Musikunterricht u. a. müssen damit abgestimmt werden.

- Ihr Kind soll sich an seinem Arbeitsplatz wohlfühlen. Dazu trägt eine überschaubare Ordnung auf dem Schreibtisch, im Bücherregal, im Ranzen und im Mäppchen ebenso bei wie eine anständige Belüftung, eine gute Beleuchtung und eine angenehme Temperatur. Denken Sie z. B. daran, welch wunderbare Atmosphäre eine schöne Bibliothek in einem alten englischen Schloss vermittelt.

- Kinder wollen oft alles auf einmal erledigen. Ein Konzentrationsmarathon ist jedoch wenig sinnvoll, denn spätestens nach einer halben Stunde brauchen Körper und Geist eine erholsame Pause. Sie können Ihr Kind z. B. mithilfe eines Arbeitsplans unterstützen, sich die Arbeit einzuteilen und den Lernstoff in Etappen einzuprägen.

- Wenn der erhoffte Lernerfolg trotz ausreichender Arbeitszeit ausbleibt, sollte Ihr Kind nicht die Zeit beliebig ausdehnen, sondern seine Lernarbeit kontrollieren. Arbeitet Ihr Kind wirklich effektiv und konzentriert an den Aufgaben oder spielt es am Schreibtisch mit seinen Stiften? Vielleicht sollten Sie dann seine Konzentration eher durch eine Übung fördern. Wenn Sie den Eindruck haben, dass z. B. die Hausaufgaben in angemessener Zeit nicht zu erledigen sind, dann scheuen Sie sich nicht, Ihr Kind nötigenfalls gegen die Lehrkraft zu stützen. Auch ein Lehrer kann sich beim Umfang der Hausaufgaben schließlich verschätzen.

Elternratgeber

■ Für den Lernerfolg spielen die Emotionen und Stimmungen Ihres Kindes eine große Rolle. Der Streit mit der Freundin oder die besondere Vorfreude auf den Kindergeburtstag können es bei der Konzentration behindern. Das betont nochmals die Wichtigkeit einer angenehmen Atmosphäre, bedeutet aber nicht, dass alles Spaß machen muss, was man tut.

Hilfe zur Selbsthilfe anbieten

„Mama, wie schreibt man ‚rennen'?" Benedikt sitzt vor seinen Hausaufgaben. „Mit zwei n, mein Junge!" Doch halt: Nicht vorsagen! Das kann Benedikt auch allein herausfinden: „Das steht sicher in deinem Wörterbuch!"

Es fällt ziemlich schwer, eine solche Frage nicht direkt zu beantworten, Benedikt nicht zu sagen, wie es richtig ist. Aber es nützt ihm langfristig mehr, wenn ihn seine Mutter eher indirekt unterstützt. Schließlich soll er langfristig lernen, selbstständig zu arbeiten, und der Umgang mit dem Lexikon gehört dazu. Natürlich dauert das am Anfang ein bisschen länger und ist anstrengender, als Mama zu fragen. Vielleicht braucht er auch Hilfe: Wie finde ich ein Wort? Was bedeuten die Abkürzungen? Die meisten Kinder haben den Umgang mit Wörterbüchern und Lexika in der Grundschule gelernt. Leider haben sie wenig Routine im Umgang damit, weil sie sie selten benutzen, und deshalb dauert es lange, bis sie die gewünschten Informationen finden. Also haben sie auch wenig Lust, diese Hilfsmittel zu benutzen, und umgehen es, wenn immer möglich. Ein schlechter Kreislauf. Dabei ist die sichere und souveräne Nutzung von Lexika und Wörterbüchern ein wichtiger Schritt auf dem Weg zu mehr Selbstständigkeit und Autonomie beim Lernen. Benedikt könnte Antworten auf viele seiner Fragen finden, ohne die Hilfe von anderen in Anspruch zu nehmen, und das stärkt langfristig sein Selbstbewusstsein.

> Nachschlagen und Recherchieren sind wichtige Grundqualifikationen. Ein Grundschulwörterbuch sollte an keinem Arbeitsplatz fehlen, damit Ihr Kind den selbstverständlichen Umgang mit Nachschlagewerken trainiert und sie als Hilfsmittel benutzen kann. Auch Lexika, Atlanten und das Internet sollten als Informationsquellen zur Verfügung stehen.

4 Was tun bei Lernschwierigkeiten?

Kinder, die wissen, wie sie gut lernen können, lernen in der Regel auch lieber und mit weniger Angst. Es entlastet sie ungemein, wenn sie über geeignete Lernmethoden verfügen, mit deren Hilfe sie den Lernstoff selbstständig erarbeiten und sich dauerhaft einprägen können. Das kann heißen: Sie lernen, wie sie allein für eine Mathematikarbeit üben können, wie man zu einer speziellen Frage im Internet oder in der Bücherei recherchiert, wie man ein Gedicht auswendig vorträgt, einen Brief verfasst oder eine Geschichte schreibt.

■ Hat Ihr Kind an seinem Arbeitsplatz ein Wörterbuch? Steht in Ihrem Bücherregal ein Lexikon? Schlägt Ihr Kind darin ab und zu nach?

■ Schlagen Sie selbst manchmal in Lexika nach, wenn Sie etwas nicht wissen?

4 Was tun bei Lernschwierigkeiten?

Mareike hat große Schwierigkeiten mit der Rechtschreibung. Alle Diktate, Hausaufgaben, selbst die Sachaufgaben in Mathematik und sogar der Brief an die Oma sowie die E-Mails an die Freundinnen sind voller Fehler. Mareike ist ganz verzweifelt: „Ich kann nicht einmal die einfachsten Wörter richtig schreiben. Ich kann überhaupt nicht schreiben! Ich bin einfach blöd!" Auf Anraten der Lehrerin haben Mareikes Eltern ihr Kind vom Schulpsychologen testen lassen. Die Diagnose erschreckt Mareike: Sie hat LRS. „Bin ich krank? Gibt es dagegen Medizin? Wann und wie werde ich gesund? Warum bin ich nicht so wie die anderen Kinder?" Natürlich kann Mareike auch sehr viel: Sie kann sehr fantasiereiche Geschichten erzählen, auch das Rechnen klappt prima und über Dinosaurier weiß sie so viel wie kein anderes Kind in ihrer Klasse. Aber davon will Mareike nichts wissen. Sie möchte nur keine Rechtschreibfehler mehr machen – auf jeden Fall nicht mehr als die anderen Kinder auch.

Elternratgeber

Fördern und Fordern

So wie Mareike geht es leider vielen Kindern mit Teilleistungsstörungen. Sie konzentrieren sich so sehr auf ihre Schwächen, dass sie Teil ihrer Persönlichkeit werden („Ich heiße Mareike und habe LRS.").

Gefördert wird dieses Selbstbild durch die zahlreichen, gut gemeinten Hilfestellungen ihrer Umwelt, die Mareike möglichst umfassend unterstützen will. Die Aufmerksamkeit ist so sehr auf die Bewältigung der Defizite gerichtet, dass die Stärken leider viel zu oft in den Hintergrund geraten. Quälendes Üben, Leistungsdruck, Frustration und ein schlechtes Gewissen können Kinder jedoch sehr belasten. Kurzfristige Erfolge sind nicht zu erwarten, auch nicht bei großem Fleiß und Engagement. Daher sollen Kinder mit besonderen Schwierigkeiten beim Erlernen des Lesens und Rechtschreibens auch vom Druck in der Schule entlastet werden. Natürlich gelten für Schülerinnen und Schüler mit besonderen Schwierigkeiten beim Erlernen des Lesens und Rechtschreibens in allen Fächern grundsätzlich dieselben Leistungsmaßstäbe wie für alle anderen Schülerinnen und Schüler auch. Einschränkungen und Erleichterungen beziehen sich jedoch auf alle Arten der Feststellung der Rechtschreibleistung (z. B. kann der Umfang der Tests vermindert oder die Arbeitszeit verlängert werden) und sind von Bundesland zu Bundesland verschieden. Ansprechpartner sind zunächst die Lehrkräfte des Kindes, dann der schulpsychologische Dienst der Schule, die das Kind besucht. Elternverbände beraten und vermitteln evtl. Kontakte zu Betroffenen, zahlreiche andere Hinweise und Hintergrundinformationen finden Sie im Internet (u. a. Bundesverband Legasthenie e. V., www.legasthenie.net; Paetec Institut für Lerntherapie, www.paetec.de).

Legasthenie und LRS

Während unter Legasthenie eine ausgeprägte Lernstörung im Bereich des Lesens und Rechtschreibens verstanden wird, die weder auf niedrige Intelligenz noch fehlende Lernbereitschaft zurückzuführen ist, bezeichnet LRS (Lese-Rechtschreib-Schwäche) eine mehr oder minder ausgeprägte Verzögerung im individuellen Lese- und Schreiblernprozess. Typische Symptome sind

- beim Lesen: Das Kind liest langsam, stockend, verliert oft die Zeile im Text, lässt Wörter, Silben oder Buchstaben aus. Oft kann es den Textinhalt nicht selbstständig wiedergeben.

- beim Rechtschreiben: viele Fehler, sowohl in Diktaten als auch in abgeschriebenen Texten. Wörter sind innerhalb desselben Textes unterschiedlich falsch geschrieben, die Handschrift ist oft unordentlich.

4 Was tun bei Lernschwierigkeiten?

Bei solchen und ähnlichen diagnostizierten Lernstörungen, z. B. auch bei Dyskalkulie und ADS, ist der Rückhalt in der Familie sehr wichtig. Kindern hilft es, wenn ihr Fleiß und ihre Mühe von ihrem Umfeld anerkannt werden. Dabei können sie Spiele, die ihnen Erfolgserlebnisse ermöglichen, oder auch Kontakte zu anderen Kindern, die eventuell ähnliche Probleme haben, besonders gut stärken. Ihr Kind braucht Selbstvertrauen, um mit seinem Anderssein umgehen zu lernen. Fördern Sie daher vor allem die Stärken und besonderen Fähigkeiten Ihres Kindes und geben Sie ihm Hilfestellung, mit seinen Lernschwierigkeiten besser zurechtzukommen.

Mit der Schule zusammenarbeiten

Regelmäßiger, lockerer Kontakt zur Schule ist immer hilfreich. So erfahren Sie auch frühzeitig von eventuellen Lernschwierigkeiten Ihres Kindes. Je früher Sie wissen, was mit ihm los ist, desto eher können Sie eingreifen. Das heißt nicht, dass Sie täglich oder wöchentlich in der Schule vorsprechen, sondern sich von Zeit zu Zeit informell mit der Lehrkraft über das Verhalten Ihres Kindes austauschen, eventuelle Missverständnisse ausräumen und ein wechselseitiges Verstehen für die besondere Situation in der Familie und der Schule schaffen. Das signalisiert Ihrem Kind: Die Schule und wir kümmern uns gemeinsam darum, dass du in der Schule gut klarkommst, wir arbeiten miteinander, nicht gegeneinander. In vielen Fällen fördert dies

Sie kennen Ihr Kind am allerbesten – ziehen Sie daher die Lehrkräfte ins Vertrauen, wenn Ihr Kind aufgrund familiärer Veränderungen oder anderer Umstände eine Weile nicht so konzentriert lernen kann. Ebenso sollten Sie Hinweise auf schulische Schwierigkeiten Ihres Kindes ernst nehmen, auch wenn diese sich nicht auf Anhieb mit Ihren Beobachtungen decken. Ziehen Sie im Interesse des Kindes möglichst mit den Lehrern an einem Strang.

von ganz allein die Lernmotivation Ihres Kindes. Denken Sie auch daran, dass nicht jeder Fehler oder jede vorübergehende Lernschwäche auf größere Schwierigkeiten hindeutet, sondern zunächst nur zeigt, woran Ihr Kind noch arbeiten sollte. Wenn Sie jedoch anhaltende Lernprobleme beobachten, ist es notwendig, nach den Ursachen zu suchen.

Elternratgeber

5 Welche weiterführende Schule passt zu meinem Kind?

„… laden wir Sie zu einem Informationsabend ein, an dem wir Ihnen mögliche weitere Bildungswege nach der Grundschule vorstellen wollen …" Nun haben Sie es schwarz auf weiß: Das Ende der Grundschulzeit steht vor der Tür, nach den Sommerferien wird Ihr Kind eine andere Schule besuchen.

Dieser Schritt ist für die Zukunft Ihres Kindes wesentlich, er prägt die Erfahrungen der nächsten Jahre und sein späteres Berufsleben. Eine bedeutsame Entscheidung steht bevor. Welche Schule kommt infrage? Das renommierte humanistische Gymnasium, das seit Jahrzehnten den besten Ruf hat und für seine hohen Leistungsansprüche bekannt ist? Die Gesamtschule, auf der man verschiedene Schulabschlüsse erreichen kann und die für ihre engagierte Zusammenarbeit mit außerschulischen Einrichtungen bekannt ist? Oder vielleicht die nah gelegene Nachbarschule, die viele Schulfreunde Ihres Kindes besuchen werden? Wo liegen wirklich die Unterschiede zwischen den Schulen? Folgende Gesichtspunkte können Ihnen helfen:

- der Umfang und die Qualität des Unterrichtsangebots (gibt es Fachräume, herrscht methodische Vielfalt, gibt es musische, naturwissenschaftliche und/oder fremdsprachliche Schwerpunkte?);
- die Abschlüsse, die an einer Schule erreicht werden können;
- die Angebote über den regulären Fachunterricht hinaus (Arbeitsgemeinschaften, Praktika, Nachmittagsbetreuung …);
- die Zusammenarbeit mit außerschulischen Institutionen (Museen, Firmen, Vereine, Musikschulen …);
- das „Schulklima", das das Zusammenwirken von Schülern, Eltern und Lehrkräften prägt;
- die Größe der Schule, die Anzahl der Schüler und Lehrkräfte (eine eher familiäre Atmosphäre oder ein großes Lehrangebot?);
- die materielle Ausstattung des Schulgebäudes, der Klassen- und Fachräume sowie des Schulhofs.

Beachten Sie: Die Qualität der Schule ist nur eine Seite, die Sie bei Ihrer Entscheidung berücksichtigen sollten. Eine objektiv „beste" Schule werden Sie kaum finden, denn jede Schule hat ihre Stärken und Schwächen. Aber Sie

5 Welche weiterführende Schule passt zu meinem Kind?

suchen auch nicht die beste aller Schulen, sondern die beste Schule für Ihr Kind. Ausgangspunkt sind die besonderen Stärken, Interessen und Bedürfnisse Ihres Kindes. Erst im zweiten Schritt sollten Sie fragen, welche Schulart und Schulform geeignet ist.

Tipps für den Schulwechsel

Am Ende der Grundschulzeit erhalten Sie von den Lehrkräften der Grundschule eine Empfehlung über die Schulart, die für Ihr Kind geeignet ist. In vielen Bundesländern ist diese Schulartempfehlung nicht verpflichtend, sodass Ihnen als Eltern ein Recht zur Mitsprache zukommt. Die folgenden Fragen können Ihnen helfen, sich der besonderen Bedürfnisse und Fähigkeiten Ihres Kindes bewusst zu werden und daraufhin sicherer aus dem Angebot der Schulen diejenige herauszufinden, die zu Ihrem Kind am besten passt. Bedenken Sie bei Ihrer Entscheidung bitte auch, dass eine falsche Schulwahl nicht nur für Ihr Kind schlimme Auswirkungen hat, sondern die ganze Familie jahrelang in Krisen stürzen kann. Vielleicht fallen Ihnen aufgrund der besonderen Eigenschaften Ihres Kindes weitere Fragen ein.

■ CHECKLISTE

Wie kam mein Kind mit den Anforderungen der Grundschule zurecht?
Hat mein Kind die Grundschuljahre ohne große Schwierigkeiten gemeistert?
Waren seine Schulleistungen während der Grundschulzeit stabil?
Kann mein Kind höhere Anforderungen verkraften?
Ist mein Kind neugierig auf neue Lerninhalte?

Wie lernt und arbeitet mein Kind?
Geht mein Kind gerne zur Schule, lernt es bereitwillig und selbstständig?
Ist mein Kind immer über die Inhalte seiner Hausaufgaben informiert?
Erledigt mein Kind seine Hausaufgaben selbstständig, sorgfältig und in angemessener Zeit?

Elternratgeber

Bereitet sich mein Kind weitgehend eigenverantwortlich auf Klassenarbeiten vor?

Beschäftigt sich mein Kind über längere Zeit und gerne mit Tätigkeiten wie Basteln, Malen, Musizieren, Lesen oder Schreiben?

Kann mein Kind längere Zeit mit anderen Kindern spielen, ist es in Gruppen integriert und gestaltet es Freizeit mit?

Gibt es Besonderheiten beim Lernen meines Kindes?

Hat mein Kind besondere Fähigkeiten und Begabungen (z. B. musikalisch, sprachlich, mathematisch, künstlerisch, sportlich)?

Braucht es besondere Förderung (LRS, Sprach- oder Sehschwierigkeiten, Rechenschwäche)?

Soll mein Kind sich auch nachmittags in der Schule aufhalten können (beispielsweise zu Arbeitsgemeinschaften, Hausaufgabenbetreuung, Förderkursen ...)?

Hat mein Kind genügend Selbstvertrauen, um auch in einem rauen Schulklima zu bestehen?

Fragen an die weiterführende Schule

Am „Tag der offenen Tür" oder bei anderen Informationsveranstaltungen werden Ihnen die Schulen sehr viele Informationen geben, vielleicht aber nicht die, die Sie besonders interessieren. Folgende Hinweise und Anregungen können Ihren Blick für die Stärken und Schwächen einer Schule schärfen. Fragen Sie also nach: An einer „guten" Schule wird man Ihnen gerne Auskünfte geben. Vielleicht fallen Ihnen noch weitere Punkte ein, auf die Sie achten sollten.

■ CHECKLISTE

Wie beurteilen Sie das Unterrichtsangebot?

Hat die Schule einen besonderen fachlichen Schwerpunkt (naturwissenschaftlich, musisch, sprachlich ...)?

Gibt es in diesem Bereich zusätzliche Angebote?

23

5 Welche weiterführende Schule passt zu meinem Kind?

Gibt es Nachmittagsangebote in Form von Arbeitsgemeinschaften (Chor, Orchester, Zeichnen, Computer, Literaturkreis ...)?

Arbeitet die Schule mit außerschulischen Institutionen regelmäßig und eng zusammen (Museen, Bibliotheken, Sportvereine, Suchtberatungsstellen, Firmen, Hochschulen ...)?

Gibt es nachmittags ein Betreuungsangebot? (In welcher Form?)

Wenn mein Kind den angestrebten Abschluss nicht erreicht, kann es an dieser Schule einen anderen Abschluss erwerben?

Wie unterstützt die Schule Ihr Kind beim Lernen?

Gibt es Absprachen und Kontakte mit den abgebenden Grundschulen?

Wird an die Unterrichtsformen und -methoden (Wochenplan, Projektunterricht) der Grundschule angeknüpft?

Wird die Einführungsphase an der neuen Schule so gestaltet, dass den Kindern der Übergang erleichtert wird?

Wird eigenverantwortliches Arbeiten und Lernen systematisch und gezielt gefördert (z. B. durch Methodentraining oder Methodentage)?

Werden die Selbstständigkeit fördernde Unterrichtsmethoden praktiziert (Projektarbeit, Stationenlernen, offener Unterricht ...)?

Gibt es Differenzierungsangebote für besonders begabte und leistungsstarke Kinder?

Bekommen Schüler mit vorübergehenden Schwierigkeiten Förderangebote?

Was erfahren Sie über das Klima in den Klassen?

Wie viele verschiedene Lehrkräfte unterrichten in einer Klasse?

Wie hoch ist der Anteil des Unterrichts beim Klassenlehrer?

Gibt es eine regelmäßige Klassenlehrerstunde, in der über aktuelle Anliegen gesprochen werden kann?

Gefallen Ihnen die Klassenräume? (Ist es sauber? Wie stehen die Tische? Gibt es Arbeitsmaterialien? Was hängt an den Wänden?)

Unternehmen die Klassen gemeinsame Aktivitäten außerhalb des Unterrichts (Klassenfahrten, Klassenfeste ...)?

Gibt es für die Lehrkräfte institutionalisierte zeitliche Räume für Absprachen (z. B. Koordinationsstunden)?

Elternratgeber

Welchen Eindruck haben Sie vom Schulklima?

- Haben Sie den Eindruck, dass Eltern und Lehrkräfte im Interesse der Erziehung der Kinder gut zusammenarbeiten? (Gibt es feste Elternsprechtage?)
- Wie können individuelle Termine mit Lehrkräften vereinbart werden? (Wie sind die Öffnungszeiten des Sekretariats?)
- Gehen die Schülerinnen und Schüler auf dem Pausenhof fair miteinander um? (Übernehmen ältere Schülerinnen und Schüler Verantwortung für jüngere, z. B. als Streitschlichter oder Klassenpaten?)
- Herrscht eine kollegiale Atmosphäre zwischen den einzelnen Lehrkräften?
- Arbeiten die Mitarbeiter in der Schulverwaltung gut zusammen?
- Sehen Sie Handlungsräume, sich als Eltern in die Schule einzubringen?
- Können Sie mit einem Mitglied des Elternbeirats sprechen?
- Sind Schulgebäude und Schulhof in einem ordentlichen Zustand? (Wie sehen Wände, Böden, Fenster und Türen aus?)
- Würden Sie die Schülertoiletten benutzen?

Können Sie sich mit den Leitbildern der Schule identifizieren?

- Können und wollen Sie die Erwartungen erfüllen, die die Schule an Kinder und Eltern heranträgt?
- Was ist den Lehrerinnen und Lehrern an der Schule besonders wichtig? Sind Sie gleicher Meinung?
- Können Sie sich vorstellen, dass sich Ihr Kind in dieser Schule die nächsten Jahre wohlfühlen könnte?

6 Was Ihr Kind in Deutsch für die 5. Klasse können sollte

6 Was Ihr Kind in Deutsch für die 5. Klasse können sollte

Sprache analysieren
- Laute und ihre Buchstabenzuordnung
- Wortarten und Satzglieder benennen und unterscheiden

Richtig schreiben
- Rechtschreibung (auch Ausnahmen, schwierige Laute und Wörter)
- Wortbausteine erkennen
- Silbentrennung
- Zeichensetzung

Texte schreiben
- Textsorten unterscheiden und selbst schreiben (Brief, E-Mail, Erzählung, Bastelanleitung)
- Geschichten stringent und farbig erzählen

Lesen und verstehen
- Sachtexte, Geschichten und Gedichte lesen und verstehen
- Tabellen, Diagramme und Karten entschlüsseln
- Texte vortragen
- die Bücherei und das Internet benutzen und Informationen suchen

Lösungsteil

Lösungsteil

In diesem Teil findest du zu den meisten Aufgaben Lösungen oder Lösungsvorschläge, die du mit deinen eigenen Lösungen vergleichen kannst.

Seite 11: Überprüfe dein Wissen

1. Freude
2. die Sonne
3. der Durst
4. die Eltern
5. Die Farbe des Ball(e)s ist weiß. Ich werfe den Ball. Der Ball ist rund. Ich spiele mit dem Ball.
6. Nomen + Nomen: die Suppenschüssel (die Suppe + die Schüssel), Adjektiv + Nomen: das Schnellboot (schnell + das Boot), Verb + Nomen: die Gießkanne (gießen + die Kanne)
7. Es spielt Gitarre.

Seite 12–15: Übungen

1. Zimmer, Schwester, Seite, Mitte, Musik, Freund, Computer, Wut, Kopfhörer
2. Uns sind diese Nomen eingefallen: Fußball, Reiten, Eiskunstlauf, Volleyball, Hockey, Fechten, Schwimmen, Skifahren, Boxen, Gymnastik. Es gibt aber bestimmt noch über hundert weitere Sportarten.
3. An der Ecke hat ein neuer Laden aufgemacht. Ich ging gleich mit meiner Freundin Lara in den neuen Laden. Dort kauften wir eine CD. Zu Hause hörten wir alle Lieder der CD an. Den Text eines Liedes konnten wir nicht verstehen. Die Melodie konnten wir aber laut mitsingen.
4. laufen + Schuhe – Laufschuhe, schwarz + Wald – Schwarzwald, Waffel + Eisen – Waffeleisen, sitzen + Platz – Sitzplatz, fest + Platte – Festplatte, Klasse + Fest – Klassenfest
5. der Hunger, die Wut, der Hass, der Durst
6. der Globus, der Kaktus, das Material, das Thema, das Museum, das Lexikon, der Atlas
7. Es handelt sich um die Katze: Die Katze, der Katze, der Katze, die Katze

28

Lösungsteil

8. Es stellt ihn in eine Vase. Sie hat sich mit ihm für den gemeinsamen Schulweg verabredet. Jan leiht sich ein Buch, weil er es noch nicht kennt. Er hat ihnen gut gefallen.

Seite 17: Überprüfe dein Wissen

1. regnen
2. fahren
3. Er kommt pünktlich um 16:43 am Bahnhof an.
4. früher: Seine Eltern fanden eine größere Wohnung. Sie haben lange gesucht.
   jetzt: Jans Klasse bereitet ein Abschiedsfest vor.
   später: Jan wird bald umziehen.
5. Ich gehe zu meiner Freundin. Gegenwart
   Ich ging zu meiner Freundin. 1. Vergangenheit
   Ich bin zu meiner Freundin gegangen. 2. Vergangenheit
   Ich werde zu meiner Freundin gehen. Zukunft
6. Du hast gelesen.

Seite 18–21: Übungen

1. abfahren, ansagen, schieben, hetzen, kontrollieren, verkaufen, winken
2. schreiben, essen, anführen, schwimmen, lachen, laufen
3. Sie klatschte. Sie klatschen. Sie klatscht. Sie klatschten. Sie spritzte. Sie spritzen. Sie spritzt. Sie spritzten. Sie lachte. Sie lachen. Sie lacht. Sie lachten. Sie plapperte. Sie plappert. Sie plapperten. Sie lesen.
   Sie rufen. Sie ruft.
   Ich klatschte. Ich klatsche. Ich spritzte. Ich spritze. Ich lachte. Ich lache. Ich plapperte. Ich plappere. Ich lese. Ich rufe.
   Du klatschst. Du spritzt. Du lachst. Du plapperst. Du rufst.
   Wir klatschen. Wir klatschten. Wir spritzen. Wir spritzten. Wir lachen. Wir lachten. Wir plapperten. Wir lesen. Wir rufen.
   Er klatschte. Er klatscht. Er spritzte. Er spritzt. Er lachte. Er lacht. Er plapperte. Er plappert. Er ruft.
   Ihr klatscht. Ihr spritzt. Ihr lacht. Ihr plappert. Ihr lest. Ihr ruft.

Lösungsteil

4. ich werfe, du wirfst, er/sie/es wirft, wir werfen, ihr werft, sie werfen

5. früher: Ich las in der Zeitung einen Bericht über den nächsten Kindermarathon. Ich beschloss, den Kindermarathon mitzulaufen. Ich habe mich gut vorbereitet.

jetzt: Ich ziehe meine Laufschuhe an und renne los.

später: Hoffentlich werde ich eine gute Zeit laufen.

6. 1. Vergangenheit: ich träumte, ich lief, ich ging, ich lachte

2. Vergangenheit: ich habe gespielt, ich habe gewonnen, ich habe geklatscht, ich habe mich gefreut

7. Gegenwart: du rufst, er will, wir helfen

1. Vergangenheit: ich aß, er nahm, es regnete, sie turnten

2. Vergangenheit: er hat gelesen, ihr habt eingekauft, du bist gekommen, sie ist gerannt

Zukunft: ich werde verreisen, wir werden wandern, er wird gehen

Seite 23: Überprüfe dein Wissen

1. warm, sonnig

2. laut, wütend

3. Ich schenke ihm bunte Luftballons.

4. schnell – schneller – am schnellsten, lang – länger – am längsten, breit – breiter – am breitesten, viel – mehr – am meisten

5. leer

Seite 24–25: Übungen

1. Tür: alt, grün, neu, schmal, groß, kaputt, schwarz

sprechen: leise, schnell, laut, hastig, langsam, ungenau

2. eine langsame Schnecke, ein schneller Gepard, das angriffslustige Rhinozeros, der bunte Papagei, die giftige Schlange, der lustige Affe, ein exotischer Fisch, die langbeinige Giraffe, der stachelige Igel, eine mutige Löwin

3. frech – frecher – am frechsten, nah – näher – am nächsten, viel – mehr – am meisten, gut – besser – am besten, leer: dieses Adjektiv lässt sich nicht steigern, hoch – höher – am höchsten, groß – größer – am größten, nett – netter – am nettesten

Lösungsteil

4. blitzschnell (N), kerngesund (N), steinhart (N), turmhoch (N), rauflustig (V), sterbenskrank (V), redselig (V), hellgrün (A), dunkelrot (A), zartrosa (A), schwerfällig (A), tobsüchtig (V)

Seite 27: Überprüfe dein Wissen

1. !, ?, !, .
2. Seine schmutzigen Gummistiefel putzt Felix. Putzt Felix seine schmutzigen Gummistiefel?
3. Vier Satzglieder: Großmutter / schenkt / ihrem Enkel / ein spannendes Buch.
4. Subjekt: Wer oder was? Objekt: Wessen? Wem? Wen oder was? Prädikat: Was tut jemand? Was geschieht?
5. Seinem Hamster kauft Lukas einen neuen Käfig.

Seite 28–31: Übungen

1. Aussagesätze: Ich habe Durst. Frau Rühle ist heute krank. Ich finde Alex so cool. Vielleicht gehe ich heute Nachmittag ins Kino.
Fragesätze: Wer spielt mit mir? Tauschst du mit mir das Pausenbrot? Fährst du heute auch mit dem Bus? Hast du neue Turnschuhe?
Aufforderungssätze: Komm her, Jule! Renn doch nicht so! Beeil dich!
Ausrufesatz: Hm, schmeckt das gut!
2. Der Frosch fängt eine Mücke. Eine Mücke fängt der Frosch. Fängt der Frosch eine Mücke?
3. Emma / schreibt / ihrem Bruder Anton / eine Postkarte. Antons bestem Freund / gefällt / die Briefmarke. (Die Briefmarke / gefällt / Antons bestem Freund.) Schenkt / Anton / sie / ihm?
4. Der Vater / Er / Meine Schwester / Oma kocht am Sonntag das Essen. Jeden Morgen klingelt das Handy / der Wecker. Der Unterricht / Der Film war ziemlich langweilig. Morgen wird der Vater / er / meine Schwester / Oma ins Schwimmbad gehen.
5. sie, der Tenor, der Vogel, ein Chor, die Sängerin
6. Wen oder was packt der Vater? Er packt das Auto. Wem bringt Lizzi ihr Schmusekissen? Sie bringt ihm ihr Schmusekissen. Wen oder was stopft der Vater zwischen die Koffer? Der Vater stopft es

31

Lösungsteil

zwischen die Koffer. Wem gefällt das gar nicht? Lizzi gefällt das
gar nicht. Wen oder was holt sie wieder aus dem Auto? Sie holt ihr
Kissen wieder aus dem Auto. Wessen Kissen gibt sie lieber ihrem
Vater? Sie gibt ihrem Vater lieber das Kissen ihres Bruders.

Seite 33: Überprüfe dein Wissen

1. Substantive: Fass, Spiel, Kenner, Männer, Schere
Pronomen: ich, mein, wir, ihre
Adjektive: nächtlich, viel, kompliziert, blau
Verben: kennen, unterbieten, raufen, finden
2. Possessivpronomen sind deklinierbar. Verben sind konjugierbar.
Substantive sind deklinierbar. Adjektive sind deklinierbar. Personal-
pronomen sind deklinierbar.
3. 1. Nominativ 2. Akkusativ 3. Genitiv 4. Nominativ 5. Dativ

Seite 34–35: Übungen

1. Einzahl: Nominativ, Dativ, Genitiv, Akkusativ
die Mutter, der Mutter, der Mutter, die Mutter
der Mann, des Mannes, dem Mann, den Mann
das Kind, des Kindes, dem Kind, das Kind
Mehrzahl: Nominativ, Dativ, Genitiv, Akkusativ
die Mütter, der Mütter, den Müttern, die Mütter
die Männer, der Männer, den Männern, die Männer
die Kinder, der Kinder, den Kindern, die Kinder
2. Er (Pers.) verlässt sein (Poss.) Zuhause, weil seine (Poss.) Eltern ...
hat er (Pers.) Probleme: Seine (Poss.) Noten ... seinen (Poss.)
Mitschülern versteht er (Pers.) sich auch nicht.
3. geht – fleht – helfen – jagt – antwortet – machen – kommt – ist –
tun – tobt – fängt – vergräbt
4. fragen: frag(e)!, fragt! – essen: iss!, esst! – lesen: lies!, lest! –
geben: gib!, gebt! – lachen: lach(e)!, lacht! – reden: rede!, redet!

32

Lösungsteil

Seite 37: Überprüfe dein Wissen

1. Lieber Herr Müller, mein Computer ist mal wieder kaputt.
   Wann könnten Sie ihn reparieren?
2. -nis, -heit, -keit, -ung
3. Verben erkennt man an ihrer Personal- und Zeitform.
4. beim Laufen
5. die Allerschönste
6. Nomen: Zeugnis, Verb: kommt, Adjektiv: windig

Seite 38–41: Übungen

1. Nomen: der Upsel, Upselheiten, die Upselinnen, ein Upselchen
   Verben: er upselte, wir werden upseln, es hat geupselt, upseln
   Adjektive: upselig, am upseligsten, upsellos, upselbar
2. Das Abstellen von Fahrrädern im Hausflur ist verboten. Das Mitnehmen von Hunden im Fahrstuhl ist untersagt. Das Betreten der Baustelle ist nicht gestattet.
3. der Schnellste und Sportlichste, der Ärmste, das Dumme, der Beste, der Gesunde, der Kranke, alles Liebe und Gute
4. Ihre, sie, sie, ihr, ihr, Sie, Ihre, Ihre
5. -heit: Berühmtheit, Krankheit, Wahrheit, Sicherheit
   -keit: Bitterkeit, Dankbarkeit, Wichtigkeit, Traurigkeit
   -ung: Erinnerung, Heizung, Rechnung, Wohnung
   -nis: Geheimnis, Wagnis, Finsternis, Erlebnis
6. das tägliche Training, eine modische Jacke, das fehlerlose Diktat, eine lustige Geschichte, viele haltbare Lebensmittel
7. schläfrig, der Schlaf, schlafen; laut, der Laut, läuten; kräftig, die Kraft, kräftigen; feurig, das Feuer, feuern; essbar, das Essen, essen; ängstlich, die Angst, ängstigen; stark, die Stärke, stärken; verkäuflich, die Verkäuferin, verkaufen; ärgerlich, der Ärger, sich ärgern. Vielleicht hast du andere verwandte Wörter gewählt, die auch passen.
8. Wortstamm: hand

Lösungsteil

Seite 43: Überprüfe dein Wissen

1. i, u, a, e, o
2. ei, ai, au, äu, eu
3. rudern, halten, sagen, turnen
4. die Beeren, nehmen, der Biber
5. mehrere Konsonanten
6. Hüte, Hütte, Schal, Schall

Seite 44–47: Übungen

1. der Haken, das Beet, schlafen, der Nagel, schwer, über, sagen, husten, raten, der Tiger, trinken, das Brett, schlaff, der Tanz, helfen, wirr, dich, das Bett, die Ratte
2. Sicher hast du dir alle Wörter mit doppeltem Vokal gemerkt, oder?
3. ja: Uhu, ziehen; nein: fahren, Stühle, bohren, zählen, ihren
4. Verb mit Dehnungs-h: führen, fahren, fehlen
   Verb mit silbentrennendem h: stehen, gehen
5. einsilbig: sie, nie, wie, Knie, die
   zweisilbig: fliegen, sieben, Wiese, Fieber, Spiegel
   dreisilbig: spazieren, probieren, verlieren, kopieren, diktieren
   In jedem Wort kommt ie am Ende einer Silbe vor.
6. schr(ie)b, r(ie)f, r(ie)b, l(ie)f, f(ie)l, r(ie)t, tr(ie)b, schl(ie)f, h(ie)lt

7. das Fenster 3, schnappen 2, schütteln 2, parken 2, klettern 2, der Stöpsel 2, dick 2, der Kamm 2, die Pfütze 2, zucken 2, der Fleck 2, stampfen 3, die Katze 2, petzen 2, pflücken 2, wackeln 2, irren 2, die Jacke 2, der Schwamm 2, trommeln 2, huschen 3, stürzen 2, der Dampf 3, mampfen 3, das Brett 2, das Schloss 2, die Kerze 2, der Trick 2, klatschen 4, der Schmerz 2, kratzen 2

8. Zimmerdecke, Katzentatzen, Wasserschätze, Höllenschrecken, Kellerratten, Schlittenrennen, Schneckenpfanne, Mittagessen, Puppenbetten, Treppensturz

Lösungsteil

Seite 49: Überprüfe dein Wissen

1. b, g, d
2. Nomen: Bildung der Mehrzahl, Verben: Bildung der Grundform,
   Adjektive: Bildung der Steigerungsform
3. schnell – schnel-ler, Gras – Grä-ser, er gräbt – gra-ben, Fuß – Fü-ße
4. halten – du hältst, die Hüte – der Hut, die Zelte – das Zelt,
   hupen – er hupt, fragen – du fragst, stärker – stark, geben – sie gibt.
   Du solltest einmal angekreuzt haben: du fragst
5. das Klavier

Seite 50–53: Übungen

1. Die-be, Stä-be, Kör-be, Fein-de, Bän-der, Wäl-der, Ber-ge,
   Sie-ge, Käm-me, Schlös-ser, Fäl-le, Bet-ten
2. Wörter mit weichem Auslaut: gelb, fremd, gesund, wütend, schräg,
   fleißig;
   Wörter mit hartem Auslaut: kalt, bunt, krank, stark, beliebt, flink
3. sie steigt – stei-gen, deshalb g; du übst – ü-ben, deshalb b; sie
   schnappt – schnap-pen, deshalb pp; er gibt – ge-ben, deshalb b;
   es brummt – brum-men, deshalb mm; es klebt – kle-ben, deshalb b;
   du gräbst – gra-ben, deshalb b; er singt – sin-gen, deshalb g;
   es sinkt – sin-ken, deshalb k; er schnaubt – schnau-ben, deshalb b;
   er klagt – kla-gen, deshalb g; ihr lobt – loben, deshalb b;
   sie lebt – le-ben, deshalb b; ihr schreibt – schrei-ben, deshalb b;
   du lügst – lü-gen, deshalb g; er zeigt – zei-gen, deshalb g;
   sie küsst – küs-sen, deshalb ss; du rennst – ren-nen, deshalb nn;
   du schaffst – schaf-fen, deshalb ff
5. der Strauß, weiß, der Schweiß, dreißig, beißen, scheußlich, der
   Fleiß, außerdem, äußerlich, schmeißen, heißen
6. x: die Axt, das Taxi, boxen, das Fax
   ks: der Keks, links, die Tanks
   cks: der Klecks, der Klacks,
   gs: mittags, unterwegs, neuerdings
   chs: der Fuchs, das Wachs, sechs, wachsen
7. w: der Vampir, provozieren, die Vase, November, die Olive, die Lava
   f: das Vieh, der Vater, vier, vor, vielleicht, voll, der Vetter, viel

Lösungsteil

Seite 55: Überprüfe dein Wissen

1. Am Montag machen wir einen Ausflug. Wir wollen die Burg Rheinstein besichtigen.
2. Kommst du mit ins Kino? Nein, ich habe keine Zeit. Schade, ich hätte mich so gefreut!
3. Wir können ins Kino, in die Eishalle oder in den Park gehen.
4. Lises Mutter fragt: „Welchen Film habt ihr euch angeschaut?"
5. „Wie viel Uhr ist es jetzt?", will Tine von ihrer Mutter wissen.
   Tine ergänzt noch: „Wenn ich zu lange warte, komme ich zu spät."
   „Du kannst ja", meint ihre Mutter, „bereits in fünf Minuten starten."
   „Das ist eine gute Idee, so werde ich es machen", meint Tine.

Seite 56–59: Übungen

1. Gestern feierten wir ein Klassenfest. Die Eltern waren eingeladen. Wir führten ein Theaterstück auf. Während wir uns verkleideten und schminkten, waren alle ziemlich aufgeregt. Aber zum Glück klappte alles gut und keiner machte einen Fehler. Nur am Ende fiel der Prinzessin bei der Verbeugung die Krone vom Kopf und der König stolperte über seine Schleppe. Alle lachten und klatschten noch ein bisschen mehr.
2. Die Kinder sind aufgeregt. Sie schreiben gleich eine Klassenarbeit. Ob sie genug gelernt haben? Ob sie alle Aufgaben lösen können? Am Ende der Stunde sind die Kinder erleichtert. Das war ja gar nicht schwer! Aber jetzt reichts!
3. Ich habe eine süße, freche Maus zum Geburtstag bekommen. Täglich muss ich die Maus füttern, ihren Käfig sauber machen, ihr etwas zu trinken hinstellen und nett mit ihr sprechen. Manchmal finde ich das etwas nervig, lästig und blöd. Dafür kann ich aber mit ihr spielen, sie beobachten und sie streicheln.
4. Du gehst weg, obwohl ich es dir verboten habe. Ich glaube nicht, dass er meinen roten Buntstift weggenommen hat. Sie spielte Klavier, während ich schlief. Ich habe den Fehler entdeckt, weil ich alles noch einmal gelesen habe. Biggi hofft, dass Max sie mag.
5. Weißt du, dass das Konzert ausgefallen ist? Wir hoffen, dass es dir wieder besser geht. Schade, dass ich dich nicht getroffen habe. Ich

Lösungsteil

habe gehört, dass das Wetter besser wird. Die Veranstalter befürchten, dass kein Mensch kommt.

6. Max rannte am Strand entlang. Er rief begeistert: „Ich habe eine tolle Muschel gefunden!" „Ich will auch so eine finden", maulte seine kleine Schwester Anna. „Da müssen wir eben zusammen suchen", beruhigte er Anna, „wir finden bestimmt noch eine." Anna heulte: „Ich will aber deine haben!" Plötzlich fand Max eine noch größere Muschel. „Da, du kannst meine haben", sagte er und freute sich über seinen Fund.

7. Daniel ruft: „Lasst uns Fußball spielen!" Trixi fragt: „Darf ich auch mitspielen?" Jens antwortet: „Lasst uns zuerst die Mannschaften wählen." Tim schreit: „Ihr habt einen Spieler mehr als wir!" Claudio schlägt vor: „Dann bist du eben Schiedsrichter." Trixi beschwert sich: „Immer muss ich Schiedsrichterin sein." Miriam lenkt ein: „Ich melde mich freiwillig als Schiedsrichterin." Trixi freut sich: „Dann kann ich mich ins Tor stellen." Alle lachen: „Du bist doch nur zu faul zum Rennen!"

8. Als Lara gestern Morgen die Augen aufmachte, war sie sehr überrascht. „Es hat geschneit", rief sie, „es hat geschneit!" Sie maulte: „Schade, dass ich in die Schule muss, ich würde viel lieber rodeln gehen!" Vater gab zu bedenken: „Dafür liegt noch nicht genug Schnee. Da bleibst du ja im Matsch stecken! Aber wenn es bis Samstag noch mehr Schnee gibt, können wir ja auf den Rodelberg gehen." „Das ist eine tolle Idee!", jubelte Lara, „ich freue mich schon drauf!"

Seite 61: Überprüfe dein Wissen

1. Bis wir uns wiedersehen, werde ich jeden Tag an dich denken.
   Ich denke an dich und wir sehen uns bestimmt wieder.
   Wir treffen uns in Hamburg oder wir sehen uns in Berlin wieder.
   Das erste Mal sahen wir uns in Hamburg, das nächste Mal trafen wir uns in Berlin.
   Für nächstes Jahr planen sie einen gemeinsamen Urlaub oder sie bleiben zu Hause.

Lösungsteil

Obwohl ein gemeinsamer Urlaub geplant war, blieben sie lieber zu Hause.

2. Kleine, quirlige Kinder – zwei unvorsichtige Vierjährige – die unübersichtliche alte Hauptstraße – weißes, süßes und kleines Kaninchen – vorbeifahrende, müde – mit schweren, schmerzenden und langwierigen Verletzungen

Seite 62–63: Übungen

1. Eine Stadtmaus ging einmal spazieren, als ihr eine Feldmaus begegnete. Die Feldmaus gab der Stadtmaus gerne von ihren Vorräten ab. Weil die Feldmaus aber nur Früchte des Waldes und Feldes besaß, lud die Stadtmaus sie zu einem Besuch bei ihr ein. Ihre Speisekammer war randvoll mit herrlichen Speisen. Es gab Brot, Schinken, Speck, Kuchen und allerlei mehr. Da kam aber der Besitzer der Speisekammer herein und die Mäuse suchten zitternd vor Angst ein Versteck. Die Stadtmaus floh sofort in ihr Mäuseloch. Da die Feldmaus sich aber nicht auskannte, fand sie kein sicheres Versteck und wäre beinahe umgekommen. Nach diesem Erlebnis wollte die Feldmaus schnell wieder nach Hause. „Bleibe du ruhig eine feine Stadtmaus. Ich will ein armes Feldmäuschen bleiben und bescheiden meine Eicheln und Nüsse essen. Hier in der Stadt fühle ich mich nicht sicher, weil es überall Gefahren gibt. Allein auf dem Land bin ich frei und sicher in meinem Feldlöchlein."

2. Meine neuen blauen Hosen gefallen mir überhaupt nicht. Da trage ich lieber meine alten roten Hosen! Meine Mutter nennt mich dann immer ein dickköpfiges, launisches Kind, denn ich habe mir die neuen Hosen eigentlich selbst ausgesucht.

3. Für die Zubereitung einer Biskuitrolle benötigt man 4 Eier, 150 g Zucker, eine Prise Salz, 2 Esslöffel warmes Wasser, 100 g Mehl, 2 Teelöffel Backpulver und 2 Päckchen Vanillepuddingpulver. Zuerst wird steif geschlagenes Eiweiß mit Zucker, Salz und Wasser in eine Schüssel getan und alles mit einem Mixer schaumig gerührt. Dann muss das Eigelb vorsichtig untergezogen werden. Danach werden das Mehl, das Backpulver und das Puddingpulver gesiebt,

Lösungsteil

dadurch gemischt und vorsichtig mit der Eier-Zucker-Masse verrührt. Der Teig wird auf einem Backblech gleichmäßig verteilt und bei 180 °C etwa 20 Minuten gebacken. Anschließend wird der noch warme Biskuit auf ein gezuckertes Geschirrtuch gestürzt, gerollt und muss dann auskühlen. Die Rolle kann mit Sahnecreme, Marmelade, Schokocreme oder Fruchtquark gefüllt werden.

Seite 65: Überprüfe dein Wissen

1. Gewässer
2. Mutter, Sängerin, Ehefrau
3. Zum Beispiel: Hausschuhe, Turnschuhe, Wanderschuhe
4. schnell: rasen, flitzen; langsam: trödeln, schlendern
5. das flinke Eichhörnchen
6. schreiben + faul – schreibfaul, reden + selig – redselig

Seite 66–69: Übungen

1. Zum Beispiel: Hütte, Hochhaus, Bau, Höhle, Villa, Pavillon, Mehrfamilienhaus, Nest, Reihenhaus, Einfamilienhaus, Burg, Schloss, Zelt
2. Wir finden gut: der Schnabel, die Schnute, das Mundwerk, der Sabbel. Deine Auswahl sieht vielleicht ganz anders aus.
3. Da man mit dem Mund spricht und die Sprache für den Menschen so wichtig ist, gibt es vielleicht so viele Ausdrücke für „Mund".
4. allgemein: kommen, begleiten, sich fortbewegen; schnell: sausen, rasen, flitzen; langsam: trödeln, bummeln, schlendern; besonders: hüpfen, humpeln, stampfen, waten, hinken
5. Ich habe einen Kuchen gebacken. Ich schlug die Tür zu. Der Wind stieß das Fenster auf. (Der Wind riss das Fenster auf.) Wir feierten ein Fest. Meine Schwester hat mein Bild kaputt gerissen. Der Architekt zeichnet einen Bauplan.
6. groß: riesig, gigantisch, massig, haushoch, der Riese, der Hüne, ausschreiten; klein: zierlich, winzig, putzig, minimal, der Wicht, der Knirps, trippeln; schwach: schlapp, klapprig, kraftlos, matt, der Schwächling, der Feigling, schlurfen; stark: muskulös, kräftig, zäh, fit, der Muskelprotz, Superman, aufstampfen

Lösungsteil

7. Zum Beispiel: pechschwarz, abgrundtief, blitzschnell, himmelblau, todesmutig, schneeweiß, meterhoch. Vielleicht hast du auch andere passende zusammengesetzte Adjektive gefunden.
8. am Hungertuch nagen

Seite 71: Überprüfe dein Wissen

1. Einleitung, Hauptteil, Schluss
2. Die Einleitung informiert über Personen, Ort und Zeit und macht neugierig.
3. r , f , r , f
4. Hoffentlich passiert mir das nie wieder! 3. Gestern Nachmittag ging ich mit Jette zum Turnen. 1. Ein Sprung, und meine Hosennaht zerriss! 2.
5. Eine Überschrift weckt Interesse und gibt erste Hinweise auf den Verlauf der Geschichte.

Seite 72–77: Übungen

1. „Eine Geburtstagsüberraschung" bleibt übrig.
   Ein Beispiel für einen Erzählkern: mein 10. Geburtstag, morgens tolle Geschenke und Geburtstagskerzen, in der Schule singen alle ein Lied für mich, keine Hausaufgaben auf, nachmittags fünf Freundinnen zu einem Kuscheltierfest eingeladen, wir haben gute Laune, unerwartet kommt meine Patentante zu Besuch, sie schenkt mir ein riesiges Geburtstagsgeschenk, es ist kein Kuscheltier, sondern ein Hamster, auch Zubehör (Käfig, Futter, Hamsterwatte, Streu) ist dabei.
2. mögliche Überschriften: „Ende gut, alles gut", „Noch mal Glück gehabt", „Gerettet!"; Wo könnte es stattfinden? in meiner Schule, auf dem Sportplatz, in der Turnhalle, in der Schwimmhalle, in der Umkleidekabine; Wer könnte beteiligt sein? meine Sportlehrerin, mein bester Freund, mein „Erzfeind", meine Klasse, Jungen gegen Mädchen;
   mögliche Lösungen: Hausmeister will Turnhalle für den Verein aufschließen oder reparierte Bälle in die Turnhalle bringen, meine bei-

Lösungsteil

den Freunde vermissen mich auf dem Heimweg und machen sich Sorgen;

Wie fühle ich mich? Was denke ich? Ich bin ängstlich, aufgeregt, angespannt, ich bekomme Panik, ich fange an zu heulen, ich schreie um Hilfe. Oh weh! Was nun! So eine Gemeinheit! Wie komme ich hier nur raus? Was soll ich bloß machen? Das werden die mir büßen! Meine Mutter macht sich Sorgen! Hoffentlich passiert mir das nie wieder.

3. Die ersten beiden Sätze eignen sich als Einleitung. Der dritte Satz nimmt zu viel von der Pointe vorweg und der vierte Satz ist zu weitschweifig. Der fünfte Satz hat nichts mit dem Thema zu tun.

4. 1. Wo war mein linker Schuh? 2. Ich suchte im Papierkorb, kroch unter die Bank und lief in den Duschraum. 3. Dort war er! Wer hatte ihn da versteckt? 4. Ziemlich wütend lief ich zurück in den Umkleideraum. Alle waren weg. 5. Hastig packte ich meinen Kram und rannte zur Tür. 6. O je! Die Tür war abgeschlossen. Was nun?

5. Der grün gedruckte Satz passt nicht, weil er die Lösung offen lässt. Von den anderen drei Sätzen kannst du den wählen, der dir am besten gefällt, oder selbst einen formulieren.

6. Der dritte Spannungsbogen ist richtig.

7. Uns sind diese Begleitsätze eingefallen: „Tut mir das weh!", jammerte Tom, als er sich sein abgeschürftes Knie anschaute. „Das hast du gut gemacht", lobte die Mathelehrerin Tine. „Wann hörst du damit endlich auf?", schimpfte ich meinen Bruder aus, als er zum 10. Mal dieselbe CD auflegte. „Igitt, was ist das denn?", kreischte Jan, als er die glibberige Masse auf dem Teller sah. „Lass mich in Ruhe!", schrie Constantin, als er immer wieder angerempelt wurde.

8. Alle Satzanfänge passen außer: immer, davor, bevor, damals, gleichzeitig, als, während, nämlich

9. Überraschung: Ach du liebe Zeit! Ui! Hoppla!
Nein! und Oh! können Überraschung, aber auch Angst ausdrücken;
Angst: O Schreck! Hilfe! O weh! Nein! Oh!;
Freude: Wie herrlich! Toll! Cool! Hurra!

10. fuhren, gerieten, saßen, kurbelten, erzählten, löste sich auf

Lösungsteil

Seite 79: Überprüfe dein Wissen

1. einen Bericht
2. Eine Anleitung schreibt man in der Gegenwartsform.
3. Eine Beschreibung verfasst man über eine Person und über einen Gegenstand.
4. f , r , r , f , f , f
5. vermuten, fühlen, lieben, finden, glauben, Meinung

Seite 80–85: Übungen

1. Körperbau: dünn, lange Arme, lange Beine, schmale Schultern
   Kopfform und Gesicht: schmales Gesicht, blaue Augen
   Haarfarbe und Frisur: dunkle Haare, blonde Irokesentolle
   Bekleidung: gestreiftes T-Shirt, Jeans, Armbanduhr, Halstuch, Turnschuhe
   Besonderheiten: Brille, Ohrring
   Name, Größe, Alter, Geschlecht: Simon Berger, 1,50 m, 10 Jahre, Junge
3. Zum Beispiel: meine Oma, weiblich, ungefähr 60 Jahre alt, etwa 1,60 m, Friederike Schäfer
4. Man braucht: Korken, Messer, Handbohrer, Joghurtbecher, Schere, Maßband, Holzstab
   So wirds gemacht: 1. ein Stück vom Korken abschneiden und längs an sechs Stellen einritzen, 2. Korken in der Mitte durchbohren, 3. Holzstab durchstecken, 4. sechs gleich große Rechtecke aus Joghurtbecher ausschneiden, 5. die Plastikrechtecke in die Ritzen des Korkens stecken
5. abschneiden, kneten, anfeuchten, formen, trocknen, brennen
6. Es fehlt das Brötchen.
7. In dieser Abfolge musstest du die Textabschnitte beschriften: 3., 1., 2.
8. Lukas tat mir so leid. So eine Gemeinheit! Ich hätte mich auch gewehrt. Da hätte noch viel Schlimmeres passieren können.
9. Beteiligte Personen: Lukas und ein Jugendlicher
   Zeitpunkt: Donnerstag, den 30.05. nach Schulschluss
   Ort: Schulhof der Grundschule

42

Lösungsteil

Zeugen: Die Kinder der Klasse 4a, der Jogger
Beschreibung des Vorfalls: Der Schüler Lukas zerschlug mit einem
Besen die Scheibe der Schultür, nachdem er von einem Jugendli-
chen mit einem Stock bedroht worden war und sich wehren wollte.
Folgen des Vorfalls: Die Scheibe der Schultür ist zersplittert.
So oder ähnlich sollte die Schadensmeldung ausgefüllt werden.
Datum, Ort und Unterschrift setzt du natürlich selbst darunter.

Seite 87: Überprüfe dein Wissen

1. Lösungsvorschlag:
   leben: geben – streben – weben
   Wellen: Stellen – Quellen – bellen
   sagen: fragen – tragen – plagen
   reisen: weisen – speisen – Meisen
   auch: Bauch – Schlauch – Rauch
2. Gedicht: gleich klingende Schlusssilbe – bildliche Sprache –
   Strophen – Verse
   Dialogtext: Rollenspiel – Szene – Bühnenbild – Regieanweisungen
   Märchen: Prinzessin – große Belohnung – wunderbare Fähigkeiten
   Fabel: Fuchs – recht kurzer Erzähltext – sprechende Tiere

Seite 88–89: Übungen

1. Gedicht – Märchen – Dialogtext – Fabel
2. Frühling lässt sein blaues Band
   wieder flattern durch die Lüfte;
   süße, wohlbekannte Düfte
   streifen ahnungsvoll das Land.
   Veilchen träumen schon,
   wollen balde kommen.
   – Horch, von fern ein leiser Harfenton!
   Frühling, ja du bist's!
   Dich hab ich vernommen!

Lösungsteil

3. Lösungsvorschlag:
   Yanik: „Ich möchte gerne Hähnchen, das kann ich dann mit den Fingern essen."
   Angie: „Oh nee, ich möchte es lieber etwas feiner haben. Wie wärs mit dem Italiener um die Ecke?"
   Pia: „Aber ich möchte am liebsten Pommes mit Ketchup."
   Vater: „Dann gehen wir also in die Pommesbude?"
   Mutter: „Nein, das kommt nicht infrage! Ich möchte einmal gemütlich mit euch zusammensitzen und nicht im Stehen essen."
4. Hier ist deine eigene Fantasie gefragt.

Seite 91: Überprüfe dein Wissen

1. Schläferhund, Telefonbruch, Regenschlauer
2. Schmetterlingsnetze, Pflaumenkuchenrezepte, Brontosaurierei
3. VON/DE UTSCHLA ND/NA CH/Ö STERREICH
4. Beim schnellen Lesen muss man immer zwei Zeilen überblicken.
5. Als der Hund die Katze unter dem Auto entdeckte, ✓ sträubten sich ihm die Nackenhaare ✓ und er bellte wie wild los.

Seite 92–95: Übungen

1. H – R, R – T, E – I, L – T, K – G, R – N, S – F, O – A
2. ① einsehen, einsam; ② verzweifeln; ③ dreist; ④ Klavier, Revier; ⑥ Flussechse; ⑧ schmachten, sacht, Tracht, Andacht, Mitternacht; ⑪ helfen, Elfe
3. 11: Weihnacht, Ei, nach, Nacht, acht, ach, nachts, Teller, Stelle, Elle, er
4. Anzahl der Silben: 12, 8, 7, 7, 7, 8, 9
5. Mandarine, Salamander, Salatgurke, Zipfelmütze
6. Das Baby hat eine zarte Haut. Endlich klart der Himmel auf. Schreibst du jetzt die Karte? Der Zwerg hat einen langen Bart. Das ist eben so seine Art. Wartet ihr schon lange? Der Winter war sehr hart. Mein Bruder arbeitet im Garten.
7. sechsmal

Lösungsteil

9. Der Satz wird in jeder neuen Zeile um ein Wort länger. Du musst also eigentlich nur das letzte Wort neu lesen, den Rest kennst du ja schon von der vorherigen Zeile. Dadurch kannst du immer längere Teile des Satzes schnell überfliegen, bis du zum neuen Wort kommst. Außerdem wird die Schrift immer kleiner.

Seite 97: Überprüfe dein Wissen

1. durch Bilder, durch die Überschrift
2. besondere Begriffe, vor allem auf Nomen
3. Schlüsselwörter
4.

5. Zum Beispiel: Wer überfiel die Sparkasse? Wann wurde die Sparkasse überfallen? Warum überfielen die beiden jungen Männer die Sparkasse?

Seite 98–101: Übungen

2. Eichhörnchen: Nesträuber: der Allesfresser, der Flügel, das Nest, die Schuppen; Entflohen! die Schaukel; Der Esel in der Löwenhaut: das Telefon, der Traktor
3. Mehr als 15 Wörter solltest du nicht unterstrichen haben, sonst kannst du den Text vor lauter Unterstreichungen nur noch schlecht bearbeiten. Beispiele für Schlüsselwörter: schwarz-weiße Färbung des Pinguins, Tarnfarbe, Feinde, von oben einfallendes Licht, dunkles Meer
4. Tarnfarbe; der Rücken ist schwarz; gegen das von oben einfallende Licht kann man den weißen Bauch schlecht erkennen; mit einem Frack
5. Hier findest du Beispiele:

 Tischsitten im Mittelalter

 Burgruine, Ritter, Turniere, Feste, Essen, Höflichkeitsregeln

Lösungsteil

 Ritter haben nicht nur gekämpft; man feierte laute Feste; man hatte sich ordentlich zu benehmen, aber man durfte sich die fettigen Finger an der Tischdecke abwischen und abgenagte Knochen unter den Tisch werfen

 Lebten Ritter immer in Burgen? Wann war das Mittelalter?

6. Manche Höflichkeitsregeln sind auch heute noch sinnvoll, um das Zusammenleben der Menschen einfacher, freundlicher und zuvorkommender zu gestalten. Andere dagegen sind veraltet und für uns nicht mehr verständlich.

Seite 103: Überprüfe dein Wissen

1.

2. waagerecht: ___ senkrecht: |

3. Wann hat es geregnet? Montag, Dienstag, Freitag
   Wann war es wärmer als 20 °C? Montag, Samstag
   Wann gab es Gewitter? Montag
   Wann schien die Sonne? Mittwoch, Donnerstag, Samstag, Sonntag

4. Januar, März, September; drei Kinder; im November; 31 Kinder

Seite 104–105: Übungen

1. Abflug der Flugzeuge Passkontrolle

   Helmpflicht auf Baustelle Rauchen verboten

   Fußballplatz Spielstraße

2. Zum Essen und Trinken wird am wenigsten Wasser verbraucht.
   Zum Baden und Duschen werden 47 Liter verbraucht.

3. Der gewünschte Zug fährt um 11:38 Uhr ab.

Lösungsteil

Seite 107: Überprüfe dein Wissen

1. Fortsetzungsgeschichte – Vorgegebener Erzählkern
2. a) falsch, b) richtig, c) richtig, d) falsch, e) richtig, f) falsch, g) falsch, h) richtig

Seite 108–109: Übungen

1. d, c, a, f, e, b
2. Bilder d und c: Die Familie ist an ihrem Urlaubsort angekommen, der Vater holt die Koffer aus dem Wagen und bringt sie ins Zimmer, der Hund läuft weg – Bild a: Der Hund ist nicht da; alle fragen sich, wo er geblieben ist – Bild f: Die Familie läuft durch den Ort, am Straßenrand stehen einzelne Leute – Bild e: an einem Würstchenstand, weil er Hunger hatte – Bild b: Er bekommt eine Wurst.
3. Bild c: „Super, endlich angekommen!" – „Und wo ist mein Bett?" – „Das wird bestimmt ein toller Urlaub!" – Bild a: „Wo ist Bello?" – „Ist er nach der letzten Rast wieder eingestiegen?" – „Wir müssen ihn unbedingt suchen!" – Bild f: „Jetzt sind wir schon durch den ganzen Ort gelaufen, wo ist er nur?" – „Sollen wir nicht mal bei der Polizei nachfragen?" – „Hoffentlich finden wir ihn wieder!"
4. Unser Bello ist wirklich ein schlaues Hündchen. Als wir letzten Sommer nach siebenstündiger Fahrt endlich in den Bergen ankamen, waren wir alle froh, am Ziel zu sein. Während wir die Koffer ins Hotelzimmer trugen, hüpfte Bello unbemerkt aus dem Wagen. Wir waren glücklich über unser schönes Zimmer und packten sofort unsere Koffer aus. Plötzlich fiel mir auf, dass Bello gar nicht da war. Ich erschrak und auch meine Eltern waren besorgt. Sofort ließen wir alles stehen und liegen und gingen ins Dorf. Wir riefen nach Bello und schauten überall nach. Da entdeckte ich unseren Hund, der mit hängender Zunge an der Theke von Willis Wurstbude stand. Offensichtlich war er durch den Geruch angezogen worden und bettelte nun um ein Würstchen. Unser Bello hatte so großen Hunger, dass er sich selbstständig auf die Suche nach etwas Essbarem gemacht hatte. Ich kaufte ihm also ein Würstchen und Bello war erst einmal zufrieden. Ich hingegen war sehr erleichtert, den Ausreißer wiedergefunden zu haben!

Wieselflink geübt mit dem 15-Minuten-Programm

- Ideal zum täglichen Üben
- Überschaubare Lernportionen
- Wichtige Inhalte eines Schulfaches festigen
- Besser vorbereitet in die nächste Klassenarbeit

5. Klasse

Diktat   ISBN 978-3-411-73601-0
Deutsche Rechtschreibung   ISBN 978-3-411-72831-2
Deutsche Grammatik   ISBN 978-3-411-73191-6
Geometrie   ISBN 978-3-411-73631-7
Rechnen und Sachaufgaben   ISBN 978-3-411-72851-0
Englische Grammatik   ISBN 978-3-411-73221-0

6. Klasse

Diktat   ISBN 978-3-411-73611-9
Deutsche Rechtschreibung   ISBN 978-3-411-72841-1
Deutsche Grammatik   ISBN 978-3-411-73201-2
Geometrie   ISBN 978-3-411-73641-6
Rechnen und Sachaufgaben   ISBN 978-3-411-72861-9
Englische Grammatik   ISBN 978-3-411-73231-9

7. Klasse

Diktat   ISBN 978-3-411-73621-8
Deutsche Rechtschreibung   ISBN 978-3-411-72871-8
Deutsche Grammatik   ISBN 978-3-411-73211-1
Geometrie   ISBN 978-3-411-73651-5
Rechnen und Sachaufgaben   ISBN 978-3-411-72881-7
Englische Grammatik   ISBN 978-3-411-73241-8

In 15 Minuten
Jeder Band: 64 Seiten. Kartoniert.
5,95 € (D); 6,20 € (A)

Texte schreiben

9. Mit welchen Ausrufen kannst du Überraschung, Angst oder Freude ausdrücken? Markiere die Ausrufe in der entsprechenden Farbe.

10. Setze die Verben in der Erzählzeit, also in der 1. Vergangenheitsform ein.

Am ersten Ferientag .... wir morgens
                                       fahren

früh los. Als Erstes .... wir in einen Stau.
                             geraten

Im Auto neben uns .... zwei Kinder,
                              sitzen

ein Junge und ein Mädchen. Wir .... die
                                              kurbeln

Fensterscheiben runter und .... uns Witze.
                                       erzählen

Der Stau .... Eigentlich schade!
              sich auflösen

77

Texte schreiben

Beschreibung, Anleitung und Bericht

Eine Beschreibung dient dazu, sich eine Person oder einen Gegenstand gut vorstellen zu können. Man benötigt eine Beschreibung, wenn man zum Beispiel etwas verloren hat oder eine Person vermisst wird. Dafür muss eine Beschreibung sachlich, knapp und wahr sein.

Eine Beschreibung hat eine eigene Ordnung. Sie beschreibt vom Wichtigen zum Unwichtigen, vom Gesamtbild zu den Einzelheiten und steht in der Gegenwartsform.

Eine Anleitung erklärt, wie etwas aufgebaut (Regal), hergestellt (Windrädchen) oder zubereitet (Kuchen) werden muss und was man dazu braucht.

Beim Schreiben einer Anleitung darfst du nichts vergessen und musst die Reihenfolge der Arbeitsschritte einhalten. Mit treffenden Verben und Fachbegriffen kannst du ganz genau ausdrücken, wie man etwas macht und was man dazu braucht. Eine Anleitung wird in der Gegenwartsform geschrieben, weil der Vorgang immer wieder gleich abläuft.

In einem Bericht stehen Beobachtungen über etwas, was wirklich geschehen ist, zum Beispiel über einen Unfall. Der Bericht muss wahr sein und darf nicht durch die Schilderung von Gefühlen und Übertreibungen verfälscht werden. In einem Bericht muss die zeitliche Abfolge eingehalten werden. Er wird in der 1. Vergangenheitsform geschrieben.

WICHTIG

Versuche immer, dich auf das Wesentliche zu konzentrieren. Versetze dich in deinen Zuhörer oder Leser: Kann er sich ein Bild von der Sache oder der Person machen?

78

Fit fürs G8?

Überprüfe dein Wissen

P

1. Du hast einen Unfall gesehen. Was schreibst du? Kreuze an.

eine Beschreibung ☐   eine Anleitung ☐   einen Bericht ☐

1 ☐

2. In welcher Zeitform schreibt man Anleitungen?

Eine Anleitung schreibt man in der ....

1 ☐

3. Was ist richtig? Kreuze an.

Eine Beschreibung verfasst man über

ein Erlebnis ☐   eine Person ☐   einen Gegenstand ☐

1 ☐

4. Lies die Aussagen und trage r für richtig oder f für falsch ein.

In einen Bericht schreibst du deine Meinung hinein. ☐
Ein Bericht steht in der Vergangenheitsform. ☐
Du benutzt in einer Anleitung treffende Verben. ☐
In einem Bericht benutzt du häufig wörtliche Rede. ☐
Eine Beschreibung hat einen Spannungsbogen. ☐
Eine Anleitung hat keine feste Reihenfolge. ☐

6 ☐

5. Welche Wörter passen nicht zu einem Bericht?
Streiche sie durch.

vermuten	fühlen	beobachten	sehen
lieben	bemerken	wahrnehmen	finden
genau	glauben	Meinung	feststellen

3 ☐

0 – 2 Punkte	3 – 6 Punkte	7 – 9 Punkte	10 – 12 Punkte	Punktzahl
Wiederhole den Stoff gründlich.	Lies noch einmal die Wissensseite.	Gut! Starte nun die Übungen.	Super! Du bist schon fit fürs G8!	☐

Beschreibung, Anleitung und Bericht

Übungen

1. Übertrage die Mindmap[1] auf ein großes weißes Blatt Papier. Ordne die Stichwörter den Ästen zu und schreibe sie darauf.

schmales Gesicht   blonde Irokesentolle   Halstuch
dünn   Turnschuhe   lange Beine   Simon Berger
schmale Schultern   Größe 1,50 m   gestreiftes T-Shirt
Armbanduhr   Ohrring   blaue Augen   dunkle Haare
lange Arme   Junge   Brille   zehn Jahre alt   Jeans

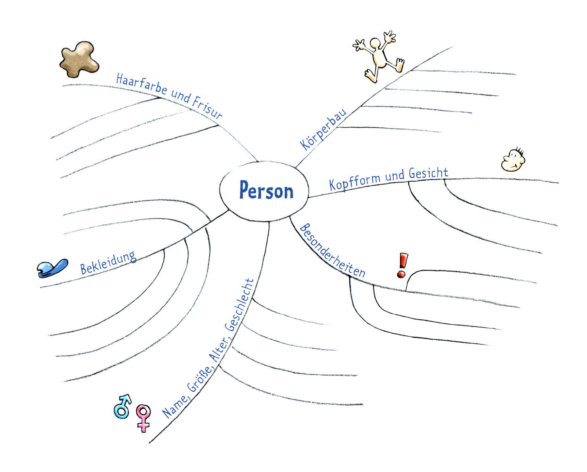

[1] Eine Mindmap [maindmäp] dient dem Sammeln von Informationen oder Ideen. Sie hilft beim Ordnen und lässt nichts verloren gehen. In der Mitte steht das wichtigste Stichwort. Von dort zweigen Hauptäste ab, die sich weiter verzweigen. Auf den Hauptästen stehen die Oberbegriffe.

Texte schreiben

2. Male jetzt die Person so genau wie möglich.

3. Beschreibe eine Person deiner Wahl. Ordne deine Beobachtungen. Gehe vom Gesamtbild aus und komme danach zu den Einzelheiten. Eine Mindmap hilft dabei.

| meine Freundin | mein Vater | meine Oma |

Nenne zuerst:

das Geschlecht der Person: ....

ihr geschätztes Alter: ....

in etwa ihre Größe: ....

und falls bekannt ihren Namen: ....

Beschreibung, Anleitung und Bericht

4. Schreibe eine Anleitung zum Bau eines Wasserrädchens. Achte auf die Satzanfänge!

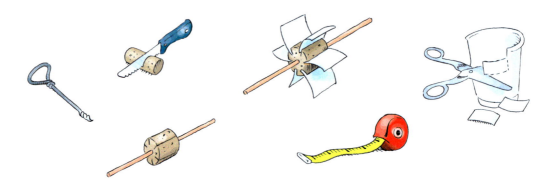

Man braucht:

....

....

So wirds gemacht:

1. ....

....

2. ....

....

3. ....

....

4. ....

....

5. ....

....

Texte schreiben

5. Lies die Anleitung für die Herstellung einer Tonfigur. Wähle in jedem Satz ein Verb aus, das genau sagt, was zu tun ist. Markiere es.

Von einem großen Tonklumpen ein Stück

abhacken   abschneiden   absägen.

 Das Tonstück mit den Händen kräftig

treten   werfen   kneten.

Zwischendurch das Tonstück immer wieder

anfeuchten   abtrocknen   aufhängen.

 Das Tonstück

formen   malen   kleben.

Die fertige Tonfigur einige Tage

trocknen   aufhängen   schleudern.

Die getrocknete Figur im Ofen

brennen   kochen   braten.

6. Zutaten für einen Hamburger. Male oder schreibe dazu, was fehlt.

Beschreibung, Anleitung und Bericht

7. Die folgenden Fragen sind für den Aufbau und das Verfassen eines Berichtes wichtig. Lies sie und schreibe sie über die dazugehörigen Textabschnitte.

1. Wer war beteiligt? Wann ist es geschehen? Wo ist es geschehen?
2. Was ist geschehen? Wie ist es geschehen?
3. Welche Folgen hatte der Vorfall? Welche Schäden sind entstanden?

Das Sicherheitsglas der Scheibe zersplitterte. Die Jugendlichen liefen weg. Ein Jogger konnte einen der beiden Jugendlichen aufhalten. Seine Personalien wurden im Sekretariat aufgenommen. Lukas blieb unverletzt, hatte aber einen kleinen Schock.

Die Klasse 4a hatte am Donnerstag, den 30.05., nach Schulschluss auf dem Schulhof Kehrdienst. Als die Kinder beinahe fertig waren, tauchten zwei Jugendliche auf. Ein Jugendlicher trug einen Stock mit sich.

Die Jugendlichen pöbelten die Kinder an. Einer trat dicht an Lukas, einen Schüler der 4a, heran und provozierte ihn. Er bedrohte ihn schließlich mit einem Stock. Lukas wehrte sich mit seinem Besen. Er holte aus und traf dabei mit seinem Besen die Scheibe der Schultür.

Texte schreiben

8. Welche Sätze gehören nicht zu einem Bericht? Streiche sie durch.

Lukas tat mir so leid.

So eine Gemeinheit!

Ich hätte mich auch gewehrt.

Im Sekretariat wurden die Personalien aufgenommen.

Da hätte noch viel Schlimmeres passieren können.

Ein Jugendlicher bedrohte einen Viertklässler mit einem Stock.

9. Fülle die Schadensmeldung aus.

Schadensmeldung	
Beteiligte Personen:	
Zeitpunkt:	
Ort:	
Zeugen:	
Beschreibung des Vorfalls:	
Datum, Ort Unterschrift	
Folgen des Vorfalls:	

85

Texte schreiben

Das erwartet dich im G8:
Gedichte, Dialogtexte, Märchen und Fabeln

Wenn du eine Geschichte erzählen sollst, musst du neben dem Thema auch die Form beachten, die deine Geschichte haben soll (lies dafür immer genau die Aufgabenstellung).

Gedichte werden in Versen geschrieben, diese werden zu Strophen zusammengefasst. Am Ende der Verse stehen häufig Wörter, die sich reimen, d. h. deren letzte Silben gleich klingen. Darüber hinaus werden in Gedichten oft Sprachbilder verwendet, deren genaue Bedeutung man erst herausfinden muss.

Kleine Szenen, Theaterstücke oder Rollenspiele sind Dialogtexte. Im Mittelpunkt solcher Texte steht die Unterhaltung von zwei oder mehreren Figuren oder Personen. Durch sogenannte Regieanweisungen kann man auch angeben, wie diese Szenen genau gespielt werden sollen, wie das Bühnenbild aussehen soll usw.

Die Fabel ist eine im Allgemeinen recht kurze Form eines erzählenden Textes. Sie wird häufig genutzt, um den Zuhörern oder Lesern eine Lehre zu vermitteln. Ein weiteres besonderes Merkmal ist, dass häufig Tiere auftauchen, die sprechen können.

Eine weitere, sehr bekannte Form eines Erzähltextes ist das Märchen. In ihm wird einem besonders mutigen Helden häufig eine Aufgabe gestellt, die er lösen muss, um eine große Belohnung zu erhalten. Bei der Lösung dieser Aufgabe helfen dem Helden oft übernatürliche eigene Kräfte oder übernatürliche Wesen.

WICHTIG

Alle diese Erzählformen haben eines gemeinsam: Sie sind erfunden! Im Gegensatz etwa zu einem Bericht oder einer Beschreibung.

Fit fürs G8?

Überprüfe dein Wissen

P

1. Suche zu den folgenden Wörtern jeweils drei passende Reimwörter.

Leben: ....

Wellen: ....

sagen: ....

reisen: ....

auch: ....

5

2. Ordne die folgenden Begriffe und Wendungen den richtigen Textsorten zu und trage sie in die Spalten ein.

Rollenspiel – Strophen – bildliche Sprache – sprechende Tiere – wunderbare Fähigkeiten – recht kurzer Erzähltext – Regieanweisungen – große Belohnung – Fuchs – Prinzessin – Verse – Szene – Bühnenbild – gleich klingende Schlusssilbe

Gedicht	Dialogtext	Märchen	Fabel
....	....	....	....
....	....	....	....
....	....	....	....
....	....	....	....
....	....	....	....
....	....	....	....
....	....	....	....
....	....	....	....

6

0 – 2 Punkte	**3 – 6 Punkte**	**7 – 9 Punkte**	**10 – 12 Punkte**	Punktzahl
Wiederhole den Stoff gründlich.	Lies noch einmal die Wissensseite.	Gut! Starte nun die Übungen.	Super! Du bist schon fit fürs G8!	

Das erwartet dich im G8

Übungen

1. Um welche Erzählform handelt es sich? Trage jeweils richtig ein.

Hat der alte Hexenmeister
sich doch einmal wegbegeben!
Und nun sollen seine Geister
auch nach meinem Willen leben …

Erzählform: ....

Es war einmal ein Königssohn, der eine Prinzessin heiraten wollte.
Er bekam vom König die Aufgabe, ein Einhorn zu fangen. So ging er
in den Wald und flötete eine sonderbare Melodie. Das Einhorn kam,
ließ sich verzaubern und einfangen …

Erzählform: ....

Gast (verärgert):
„Warum ist das Weinglas, das Sie mir gebracht haben, leer?"
Ober (freundlich lächelnd):
„Hatten Sie nicht trockenen Wein bestellt?"

Erzählform: ....

Ein hungriger Fuchs sah ein paar Trauben an einer Rebe. „Die will
ich mir holen", dachte er bei sich und sprang so hoch er konnte,
aber die Trauben hingen außerhalb seiner Reichweite. Deshalb
gab er seine Bemühungen auf …

Erzählform: ....

Texte schreiben

2. Der folgende Text von Eduard Mörike ist ein Gedicht, das aber nicht in der richtigen Form steht. Bringe es wieder in Versform.

Frühling lässt sein blaues Band wieder flattern durch die Lüfte; süße, wohlbekannte Düfte streifen ahnungsvoll das Land. Veilchen träumen schon, wollen balde kommen. – Horch, von fern ein leiser Harfenton! Frühling, ja du bist's! Dich hab ich vernommen!

3. Schreibe einen kurzen Dialog zu folgender Situation:

> Mutter, Vater und drei Kinder – Pia, Yanik und Angie – streiten sich darum, was es am kommenden Sonntag zu essen geben soll. Yanik möchte gern Hähnchen haben, weil er das mit den Fingern essen kann. Angie würde gern ausgehen, sie schlägt ein italienisches Restaurant vor. Pia will am liebsten Pommes. Deshalb schlägt der Vater vor, in die Pommesbude zu gehen. Diese Idee findet die Mutter aber überhaupt nicht gut, sie will nicht im Stehen essen, sondern eine gemütliche Mahlzeit im Kreise der Familie.

4. Verwende den Märchenbaukasten und schreibe selbst ein kleines Märchen. Beginne mit „Es war einmal …".

Held / Heldin	Aufgabe	Umgebung	Zaubergegenstand
ein kleiner Hirtenjunge	einen großen Schatz finden	Zauberwald	goldener Schlüssel
ein Bauerntölpel	einen verzauberten Prinzen erlösen	verschlafenes Dorf	Silberglöckchen

89

Lesen

Lesetraining

Beim Lesen muss man sich konzentrieren und genau hinschauen, um die Wortgrenzen zu erfassen.

Lange, schwierige und unbekannte Wörter kannst du schneller erlesen, wenn du bekannte Wortteile erkennst oder die Wörter in Silben gliederst:

Echsenbeckendinosaurier
Ech-sen-be-cken-di-no-sau-ri-er

Beim schnellen Lesen liest man nicht mehr Wort für Wort, sondern über die Zeile hinaus. Der Blickwinkel erweitert sich.

Tulpe
eine Tulpe
eine schöne Tulpe
eine schöne Tulpe steht
eine schöne Tulpe steht im
eine schöne Tulpe steht im Gartenbeet
und zeigt ihr rotes Tulpengesicht.

Lange Sätze unterteilt man in Leseabschnitte und nutzt dabei die Satzzeichen und Bindewörter:

Jan zog seine Badehose an, ✓ blies seine Luftmatratze auf, ✓ trug sie ins Wasser ✓ und paddelte los.

WICHTIG

Wenn du dir schon während des Lesens Gedanken über das machst, was folgt, steigerst du dein Lesetempo. Und: Je mehr du liest, desto schneller wirst du.

Fit fürs G8?

Überprüfe dein Wissen

P

1. Lies genau. In den Wörtern ist jeweils ein Buchstabe zu viel. Streiche ihn durch.

SCHLÄFERHUND   TELEFONBRUCH   REGENSCHLAUER

3

2. Sprich jedes Wort in Silben und male die Silbenbögen darunter.

Schmetterlingsnetze   Pflaumenkuchenrezepte

Brontosaurierei

3

3. Zeichne mit Strichen die Wortgrenzen ein.

VONDE UTSCHLA NDNA CHÖ STERRE ICH

3

4. Setze die Wörter zu einem sinnvollen Satz zusammen.

beim muss Zeilen Lesen man schnellen zwei überblicken immer

....

....

1

5. Unterteile den Satz durch Pausenzeichen in Leseabschnitte.

Als der Hund die Katze unter dem Auto entdeckte, sträubten sich ihm die Nackenhaare und er bellte wie wild los.

2

0 – 2 Punkte	**3 – 6 Punkte**	**7 – 9 Punkte**	**10 – 12 Punkte**	Punktzahl
Wiederhole den Stoff gründlich.	Lies noch einmal die Wissensseite.	Gut! Starte nun die Übungen.	Super! Du bist schon fit fürs G8!	

91

Lesetraining

Übungen

1. Jedes Wortpaar unterscheidet sich in einem Buchstaben.

HOSEN – ROSEN
RANKEN – TANKEN
WENDEN – WINDEN
FALLEN – FALTEN
SINKEN – SINGEN
FÜLLER – FÜLLEN
SAUSEN – SAUFEN
TONNEN – TANNEN

2. Welche Zahlwörter findest du in diesen Wörtern? Verbinde.

② Flussechse   helfen

verzweifeln   schmachten   einsehen

⑧   sacht   ①   ⑥
                Klavier

einsam   Elfe   ⑪   Tracht

        ④   ③
Andacht   Mitternacht
        Revier   dreist

Lesen

3. Wie viele Wörter findest du im Wort „Weihnachtsteller"?
Schreibe sie auf.

....

....

4. Wie viele Silben hat jedes Wort? Trage die Anzahl ein.
Zuvor kannst du unter jedes Wort die Silbenbögen malen.

Simsalabimbambasaladusaladim ☐

Wolkenkratzerfensterputzer ☐

Erdbeermarmeladenbrot ☐

Raketenabschussrampe ☐

Sandkastenabdeckplane ☐

Taschenrechnertastensperre ☐

Schokoladenfabrikbesitzer ☐

5. Setze die Silben zu Wörtern zusammen und schreibe
diese auf. Das * kennzeichnet die Anfangssilben.

SA*	GUR	SA*	MAN
DA	MÜT	RI	ZIP*
FEL	MAN*	LA	LAT
DER	NE	ZE	KE

....

....

....

....

93

Lesetraining

6. Lies die Sätze. Suche so schnell wie möglich zu jedem Satz das Wort, das wiederholt wird. Verbinde Satz und Wort.

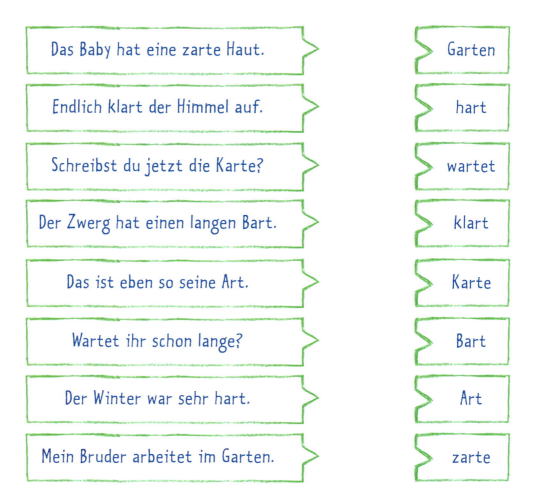

Das Baby hat eine zarte Haut.	Garten
Endlich klart der Himmel auf.	hart
Schreibst du jetzt die Karte?	wartet
Der Zwerg hat einen langen Bart.	klart
Das ist eben so seine Art.	Karte
Wartet ihr schon lange?	Bart
Der Winter war sehr hart.	Art
Mein Bruder arbeitet im Garten.	zarte

7. Streiche das Wort sein durch. Arbeite so schnell wie möglich. Wie oft hast du es durchgestrichen?

fein sind sein eine sieben sein mein seine Sonne

Sieb seid seit sein klein Seide sein sei selber

Sandsuchen sein sein sieben Silbe kein

94

Lesen

8. Lies genau: Auf dem Blatt sitzt eine Laus, im Haus versteckt sich ein Dieb, im Eimer ist ein Loch.

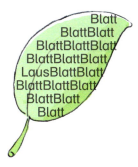

9. Lies Zeile für Zeile. Du wirst dabei immer schneller. Fallen dir Unterschiede zwischen den oberen Zeilen und den unteren Zeilen auf? Beschreibe und erkläre sie.

Wenn

Wenn du

Wenn du einige

Wenn du einige Teile

Wenn du einige Teile eines

Wenn du einige Teile eines Satzes

Wenn du einige Teile eines Satzes immer

Wenn du einige Teile eines Satzes immer wieder

Wenn du einige Teile eines Satzes immer wieder liest

Wenn du einige Teile eines Satzes immer wieder liest, geht

Wenn du einige Teile eines Satzes immer wieder liest, geht es

immer

schneller!

Lesen

Texte verstehen

 Überschriften, Fotos, Bilder und Zeichnungen sagen bereits etwas über den Inhalt eines Textes aus.

 Man überfliegt einen Text, um schnell zu erfassen, worum es darin geht. Dabei liest man nicht Wort für Wort, sondern konzentriert sich auf besondere Begriffe. Nomen fallen besonders auf.

 Während des Lesens eines Textes markierst du wichtige Stellen, also die Informationen, die du dir unbedingt merken willst. So erhältst du die „Schlüsselwörter".

 Stellen, über die du noch einmal nachdenken willst, kannst du mit Randzeichen versehen:

 Hoppla, das ist neu für mich!
 Das verstehe ich nicht.
 Darüber möchte ich mehr wissen.
 Das will ich den anderen sagen.

 Die Bedeutung eines Textes erschließt sich durch Fragen, die du an den Text stellst.
Das können „W-Fragen" sein:
Wer? Wie? Wann? Wo? Was? Wozu? Warum? Woran?

Zu einem Urteil oder zu einer eigenen Meinung kommst du mit weiterführenden Fragen:
Was halte ich davon?
Wie finde ich das?
Kann das sein?
Habe ich das auch schon erlebt?

Fit fürs G8?

Überprüfe dein Wissen

P

1. Wodurch erhältst du die allerersten Hinweise auf einen Text?
Kreuze an.

☐ durch Abschnitte ☐ durch die Überschrift

☐ durch den ersten Satz ☐ durch Bilder

2 ☐

2. Beim Überfliegen eines Textes hilft dir die Konzentration des
Blickes auf ....

2 ☐

3. Wie heißen die Wörter, die du in einem Text markierst?
Unterstreiche.

Schüsselwörter   Rüsselwörter   Schlüsselwörter

1 ☐

4. Ergänze passende Randzeichen.

Darüber möchte ich mehr wissen.
Das verstehe ich nicht.
Hoppla, das ist neu für mich!
Das will ich den anderen sagen.

4 ☐

5. Lies den Text und schreibe Fragen dazu auf.

Letzte Woche überfielen zwei junge Männer die Sparkasse am
Markt. Sie drangen um 16:34 Uhr in die Schalterhalle ein. Mit dem
Geld wollten sie bei ihren Freunden Eindruck schinden.

zu den Personen: ....

zum Zeitpunkt: ....

zu den Gründen: ....

3 ☐

0 – 2 Punkte	3 – 6 Punkte	7 – 9 Punkte	10 – 12 Punkte	Punktzahl
Wiederhole den Stoff gründlich.	Lies noch einmal die Wissensseite.	Gut! Starte nun die Übungen.	Super! Du bist schon fit fürs G8!	☐

Texte verstehen

Übungen

1. Verbinde die Überschriften mit den passenden Bildern.

Entflohen!   Der Esel in der Löwenhaut

   Eichhörnchen: Nesträuber

   Besuch im Tierheim

Kinderspiele bei den Römern

2. Überfliege die Wörterlisten. Streiche die Nomen durch, die nicht zur Überschrift passen.

Eichhörnchen: Nesträuber	Entflohen!	Der Esel in der Löwenhaut
der Kobel	die Flucht	der Müller
das Nagetier	das Gefängnis	die Säcke
der Allesfresser	die Strafe	der Dummkopf
der Flügel	die Freiheit	das Telefon
die Nüsse	die Schaukel	die Fabel
das Nest	die Polizei	die List
die Schuppen	der Richter	der Traktor

98

Lesen

3. Markiere die Schlüsselwörter im folgenden Text. Wie viele hast du markiert? Schreibe die Anzahl in das Kästchen. ☐

Der Frack des Pinguins als Tarnfarbe

Die schwarz-weiße Färbung des Pinguins, nämlich sein schwarzer Rücken und sein weißer Bauch, schützt ihn im Wasser vor feindlichen Angriffen. Seine Feinde, die tiefer tauchen, sehen seinen weißen Bauch nur schlecht gegen das von oben einfallende Licht. Umgekehrt hebt sich für seine Feinde von oben das Schwarz seines Rückens nur schlecht gegen das nach unten dunklere Meer ab.

4. Beantworte die Fragen zum Pinguintext.

Wie nennt man die Farbe, mit der sich Tiere an ihre Umgebung anpassen?

....

Welche Farbe hat der Rücken eines Pinguins?

....

Warum erkennen die Feinde, die tiefer tauchen, den weißen Bauch des Pinguins nur schlecht?

....

Mit welchem Kleidungsstück wird das Federkleid des Pinguins verglichen?

....

Texte verstehen

5. Diese und die nächste Seite gehören eng zusammen. Wie du vorgehen musst, steht auf der rechten Seite.

Tischsitten im Mittelalter

Beim Anblick einer Burgruine denkt man oft sofort an Ritter, die bei großen Turnieren in Rüstung und Schild mit Schwertern gegeneinander kämpften. Aber die Ritter haben früher, als die Ritterburgen noch bewohnt waren, natürlich nicht nur gekämpft. Manchmal kamen auf die Burgen nämlich auch Sänger und Dichter. Dann wurde getanzt, gesungen und musiziert, man feierte laute Feste und abends wurden Geschichten erzählt. Bei diesen Festen hatte man sich ordentlich zu benehmen. Es war unanständig, beim Essen zu schmatzen, über den Tisch zu spucken oder in die Tischdecke zu schnäuzen – die fettigen Finger durfte man sich allerdings ohne Weiteres daran abwischen. Abgenagte Knochen legte man nicht in die Schüssel zurück, sondern warf sie einfach auf den Boden. Wir sehen schon, nicht alle der damaligen Höflichkeitsregeln sind heute noch gültig!

Lesen

So erschließt du dir den Text:

 Schau dir die Überschrift und das Bild an. Schreibe in Stichwörtern auf, worum es in diesem Text geht.

....

Überfliege den Text und kreise Nomen ein, die dir auf den ersten Blick auffallen.

Markiere die Schlüsselwörter und schreibe sie auf.

....

....

Setze Randzeichen an die Stellen des Textes, auf die du noch einmal zurückkommen willst.

Überlege dir Fragen zum Text und schreibe sie in die Sprechblasen.

6. Was hältst du von Höflichkeitsregeln? Überlege.

Lesen

Zeichen und Grafiken lesen

Bildzeichen sind Hinweise, die jeder schnell versteht. Man muss dabei weder lesen noch die Landessprache sprechen können. Zeichen sind sehr vereinfachte Darstellungen. Die meisten – man nennt sie Piktogramme – werden international verwendet, zum Beispiel auf Flughäfen, im Straßenverkehr und in Sportstätten.

In eine Tabelle werden Informationen so eingetragen, dass man sie schnell finden kann, zum Beispiel in einem Stundenplan, einer Wetterbeobachtungstabelle oder einem Fahrplan. Eine Tabelle ist in senkrechte Spalten und waagerechte Zeilen aufgeteilt.

Std.	Montag	Dienstag	Mittwoch	Donnerstag	Freitag
1.	Mathe	Mathe	Religion	–	Mathe
2.	Deutsch	Sachkunde	Englisch	Sachkunde	Sachkunde
3.	Musik	Deutsch	Deutsch	Deutsch	Deutsch
4.	Diff.	Kunst	Mathe	Musik	Werken
5.	–	Sport	–	Mathe	Werken
6.	–	Sport	–	–	–

In einem Diagramm werden Daten so dargestellt, dass man sie leicht miteinander vergleichen kann.

Kindergeburtstage der Klasse 4a pro Monat

102

Fit fürs G8?

Überprüfe dein Wissen

1. Suche die Zeichen heraus, die etwas mit Sport zu tun haben.

Kreise sie ein.

P

2

2. Ziehe einen senkrechten und einen waagerechten Strich.

waagerecht: senkrecht:

2

3. Sieh in der Tabelle nach, um die Fragen zu beantworten.

Wann hat es geregnet? ....

Wann war es wärmer als 20 °C? ....

Wann gab es Gewitter? ....

Wann schien die Sonne? ....

	MO	DI	MI	DO	FR	SA	SO
Regen	☁	☁	–	–	☁	–	–
Temperatur	28°	12°	16°	20°	14°	21°	19°
Gewitter	⛈	–	–	–	–	–	–
Sonne	–	–	☀	☀	–	☀	☀

4

4. Beantworte die Fragen mithilfe des Diagramms auf Seite 102.

In welchen Monaten hat nur jeweils ein Kind Geburtstag?

....

Wie viele Kinder haben im Juni Geburtstag? ....

In welchem Monat haben die meisten Kinder der Klasse

Geburtstag? ....

Wie viele Kinder sind in der Klasse? ....

4

0 – 2 Punkte	**3 – 6 Punkte**	**7 – 9 Punkte**	**10 – 12 Punkte**	Punktzahl
Wiederhole den Stoff gründlich.	Lies noch einmal die Wissensseite.	Gut! Starte nun die Übungen.	Super! Du bist schon fit fürs G8!	

Zeichen und Grafiken lesen

Übungen

1. Verbinde jedes Piktogramm mit der richtigen Bedeutung.

Abflug der Flugzeuge

Passkontrolle

 Helmpflicht auf Baustelle

 Rauchen verboten

 Spielstraße

Fußballplatz

2. Dieses Diagramm zeigt den durchschnittlichen täglichen Trinkwasserverbrauch einer Person im Jahr 2003 in Deutschland.

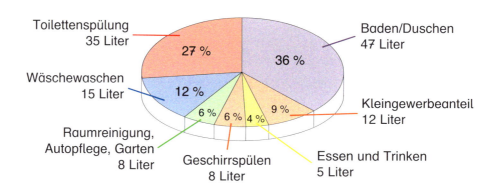

Wofür wird am wenigsten Wasser verbraucht?

....

Wie viele Liter werden fürs Baden und Duschen verbraucht?

....

104

Lesen

3. Suche aus dem Ausschnitt des Fahrplans eine Zugverbindung vom Hauptbahnhof in Frankfurt am Main zum Hauptbahnhof in Heidelberg heraus. Das musst du bedenken:

Du möchtest nicht vor 10:30 Uhr losfahren.

Du möchtest nicht umsteigen.

Die Fahrtdauer soll so kurz wie möglich sein.

Du möchtest nicht später als 12:30 Uhr ankommen.

Wann fährt der Zug ab? ....

Frankfurt (Main) Hbf. ⟶ Heidelberg Hbf.

Ab	Zug	Umsteigen	An	Ab	Zug	An
9.07	RB 36249					10.27
9.38	IC 2275					10.30
9.50	ICE 593 ℡	Mannheim Hbf.	10.28	10.34	RE 4835	10.48
10.07	RB 36251					11.36
10.19	IC 2297					11.12
10.44	EC 54	Mannheim Hbf.	11.37	11.54	IC 119	12.04
10.50	ICE 873 ℡	Mannheim Hbf.	11.28	11.34	RE 4805	11.48
11.05	ICE 573 ℡	Mannheim Hbf.	11.53	11.59	S4	12.16
11.07	RB 36253					12.27
11.38	IC 2277					12.30
11.50	ICE 594 ℡	Mannheim Hbf.	12.28	12.34	RE 4837	12.48
12.07	RB 36255					13.36
12.19	IC 2294					13.12
12.50	ICE 876 ℡	Mannheim Hbf.	13.28	13.34	RE 4807	13.48
13.05	ICE 574 ℡	Mannheim Hbf.	13.53	13.59	S4	14.16

Lesen

Das erwartet dich im G8: Vorlagen verstehen und fortsetzen

In der Schule ist Lesen vor allem für das Aufsatzschreiben wichtig. Es gibt zum Beispiel Aufsätze mit genauen Vorgaben. Ähnlich wie bei Tabellen und Grafiken solltest du dir die Vorgaben sowie die Aufgabenstellung immer genau ansehen und gründlich erfassen.

Bei der Bildergeschichte ist die Vorgabe ein Bild oder eine Bilderfolge:
– Was ist auf dem Bild/den Bildern dargestellt?
– Gibt es auffällige Personen, Figuren oder Gegenstände?
– Wie ist der Ort oder Raum dargestellt?
– Ist eine Entwicklung zwischen den einzelnen Bildern zu erkennen?

Bei der Fortsetzungsgeschichte ist ein Textanfang oder eine Einleitung vorgegeben:
– Was ist dem Textanfang zu entnehmen über die handelnden Personen oder Figuren, den Ort und den vermutlichen Verlauf des Geschehens?
– Ist es eine Erlebniserzählung oder eine Fantasiegeschichte?

Die Aufgabe kann auch die Ausgestaltung eines vorgegebenen Erzählkerns sein:
– Finden sich im Erzählkern Antworten auf die Fragen, wie und warum es zu dieser Situation gekommen ist?
– Gibt es Hinweise, wie die Situation/das Problem aufgelöst werden könnte?

WICHTIG

Erst wenn du dir alles genau angesehen und durchgelesen hast und die Vorgaben und Aufgabenstellung verstehst, solltest du damit beginnen, deinen Aufsatz zu schreiben.

Fit fürs G8?

Überprüfe dein Wissen

P

1. Um welche Art der Vorlage handelt es sich? Trage jeweils richtig ein.

Unser Bello, das ist wirklich ein ganz Schlauer, der weiß immer, wo er etwas Leckeres bekommt. Das hat er erst gestern wieder bewiesen, als wir …

Vorlage: ....

2

Eine Familie fährt in den Urlaub. Nachdem sie nach sieben Stunden Fahrt endlich angekommen ist, fällt der kleinen Tochter auf, dass ihr Hund nicht da ist. Sie läuft mit ihren Eltern durch den ganzen Ort und findet ihn schließlich nach langer Suche.

Vorlage: ....

2

2. Hast du die Vorlagen auch gründlich gelesen und verstanden? Kreuze an, ob die folgenden Aussagen richtig oder falsch sind.

	richtig	falsch
a) Bello weiß immer, wo er sein Herrchen finden kann.	☐	☐
b) Bello ist ein pfiffiges Kerlchen.	☐	☐
c) Bello frisst gerne leckere Sachen.	☐	☐
d) Die Familie fährt sechs Stunden in den Urlaub.	☐	☐
e) Der Hund der Familie ist weggelaufen.	☐	☐
f) Die Tochter ist glücklich darüber.	☐	☐
g) Sie suchen den Hund im Auto.	☐	☐
h) Nach langer Suche finden sie den Hund.	☐	☐

8

0 – 2 Punkte	**3 – 6 Punkte**	**7 – 9 Punkte**	**10 – 12 Punkte**	Punktzahl
Wiederhole den Stoff gründlich.	Lies noch einmal die Wissensseite.	Gut! Starte nun die Übungen.	Super! Du bist schon fit fürs G8!	

Das erwartet dich im G8

Übungen

1. Betrachte die Bilder genau und bringe sie in die richtige Reihenfolge.

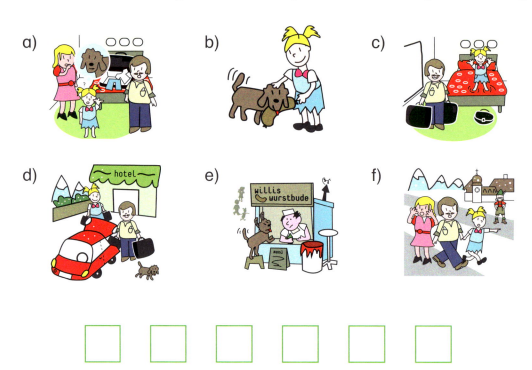

☐ ☐ ☐ ☐ ☐ ☐

2. Schreibe deine Beobachtungen zu den einzelnen Bildern in dein Übungsheft. Trage die richtigen Buchstaben in die Kästchen ein.

Bilder ☐ und ☐: Wo ist die Familie angekommen? Was tut der Vater? Wo ist der Hund?

Bild ☐: Was fällt auf, als alle Koffer ausgepackt sind?

Bild ☐: Wo sucht die Familie den Hund? Wen könnte sie nach ihm fragen?

Bild ☐: Wo findet die Familie den Hund? Warum ist der Hund dorthin gelaufen?

Bild ☐: Was bekommt der Hund?

Lesen

3. Ordne folgende Gedanken und Ausrufe des Mädchens auf den Bildern a, c und f aus Übung 1 zu.

„Wo ist Bello?" – „Super, endlich angekommen!" – „Jetzt sind wir schon durch den ganzen Ort gelaufen, wo ist er nur?" – „Ist er nach der letzten Rast wieder eingestiegen?" – „Und wo ist mein Bett?" – „Sollen wir nicht mal bei der Polizei nachfragen?" – „Wir müssen ihn unbedingt suchen!" – „Das wird bestimmt ein toller Urlaub!" – „Hoffentlich finden wir ihn wieder!"

Bild a

Bild c

Bild f

4. Erzähle nun die Bildergeschichte „Wo ist Bello?" Schreibe in dein Übungsheft.

109

Fachbegriffe

Selbstlaut	Vokal	a, e, i, o, u
Mitlaut	Konsonant	b, c, d, f, …
Doppellaut / Zwielaut	Diphthong	ei, ai, au, äu, eu

Wortarten

Namenwort	Nomen / Substantiv	Hahn
Begleiter	Artikel	der / ein Hahn
Einzahl	Singular	ein Hahn
Mehrzahl	Plural	viele Hähne
Fälle:	Kasus:	
1. Fall	Nominativ	der Hahn
2. Fall	Genitiv	des Hahn(e)s
3. Fall	Dativ	dem Hahn
4. Fall	Akkusativ	den Hahn

Tunwort / Tuwort	Verb	krähen
Grundform	Infinitiv	krähen
Zeitstufe:	Tempus:	
Gegenwart	Präsens	er kräht
Zukunft	Futur	er wird krähen
1. Vergangenheit	Präteritum / Imperfekt	er krähte
2. Vergangenheit	Perfekt	er hat gekräht
Befehlsform	Imperativ	Kräh(e)!

Fürwörter:	Pronomen:	
direkt ersetzend	Personalpronomen	er kräht
besitzanzeigend	Possessivpronomen	sein Krähen

Fachbegriffe

Wiewort / Eigenschaftswort	Adjektiv	der **stolze** Hahn
Steigerungs- oder Vergleichsstufen:		
Grundstufe	Positiv	stolz
1. Vergleichsstufe	Komparativ	stolzer
2. Vergleichsstufe	Superlativ	am stolzesten
Umstandswort	Adverb	er kräht **bald**
Verhältniswort	Präposition	**auf** dem Mist
Bindewort	Konjunktion	der Hahn **und** der Mist
Veränderung der Nomen	Deklination	
Veränderung der Verbformen	Konjugation	

Satzglieder

Satzgegenstand	Subjekt
Satzkern	Prädikat
Ergänzung	Objekt
Ergänzung im 2. Fall	Genitivobjekt
Ergänzung im 3. Fall	Dativobjekt
Ergänzung im 4. Fall	Akkusativobjekt
Umstands-bestimmung	adverbiale Bestimmung

Das 3-fach-Prinzip für bessere Noten

Die Lernhilfenreihe „Einfach klasse in" für die 5. bis 10. Klasse überzeugt durch ihren besonderen Aufbau:

- Übersichtlich strukturiert in die drei Lernbausteine **Wissen – Üben – Testen**
- Alle wichtigen Lernbereiche einer Klassenstufe in einem Band zusammengefasst
- Mit persönlichem Klassenarbeitsplaner
- Nach den neuesten Bildungsplänen der Bundesländer entwickelt

Deutsch

Einfach klasse in
Deutsch 5. Klasse
ISBN 978-3-411-72151-1

Einfach klasse in
Deutsch 6. Klasse
ISBN 978-3-411-72161-0

Einfach klasse in
Deutsch 7. Klasse
ISBN 978-3-411-72251-8

Einfach klasse in
Deutsch 8. Klasse
ISBN 978-3-411-72261-7

Einfach klasse in
Deutsch 9. Klasse
ISBN 978-3-411-72411-6

Einfach klasse in
Deutsch 10. Klasse
ISBN 978-3-411-72421-5

Englisch

Einfach klasse in
Englisch 5. Klasse
ISBN 978-3-411-72131-3

Einfach klasse in
Englisch 6. Klasse
ISBN 978-3-411-72141-2

Einfach klasse in
Englisch 7. Klasse
ISBN 978-3-411-72271-6

Einfach klasse in
Englisch 8. Klasse
ISBN 978-3-411-72281-5

Einfach klasse in
Englisch 9. Klasse
ISBN 978-3-411-72591-5

Einfach klasse in
Englisch 10. Klasse
ISBN 978-3-411-72601-1

Mathematik

Einfach klasse in
Mathematik 5. Klasse
ISBN 978-3-411-72171-9

Einfach klasse in
Mathematik 6. Klasse
ISBN 978-3-411-72181-8

Einfach klasse in
Mathematik 7. Klasse
ISBN 978-3-411-72431-4

Einfach klasse in
Mathematik 8. Klasse
ISBN 978-3-411-72441-3

Einfach klasse in
Mathematik 9. Klasse
ISBN 978-3-411-72571-7

Einfach klasse in
Mathematik 10. Klasse
ISBN 978-3-411-72581-6

Französisch

Einfach klasse in
**Französisch
1. Lernjahr**
ISBN 978-3-411-72741-4

Einfach klasse in
**Französisch
2. Lernjahr**
ISBN 978-3-411-72751-3

Einfach klasse in
**Französisch
3./4. Lernjahr**
ISBN 978-3-411-72821-3

Latein

Einfach klasse in
**Latein
1. Lernjahr**
ISBN 978-3-411-72721-6

Einfach klasse in
**Latein
2. Lernjahr**
ISBN 978-3-411-72731-5

Einfach klasse in
**Latein
3./4. Lernjahr**
ISBN 978-3-411-72811-4

Jeder Band:
128 Seiten. Kartoniert, mit Umschlagklappen

Wie gefällt dir dieses Buch? Sag uns deine Meinung unter: www.schuelerlexikon.de/meinung